GTB

Gütersloher Taschenbücher

1317

Werner Reiser

Der verhaftete Friedensengel

Kritische Legenden

Gütersloher Verlagshaus

Originalausgabe

Diese Taschenbuchausgabe enthält neben zwei bislang unveröffentlichten Legenden eine Auswahl aus den Bänden »Der verhaftete Friedensengel«, »Der gute Sohn von Bethlehem«, »Die drei Gaben« und »Der Geburtstag von Adam und Eva«. Der Abdruck erfolgt mit freundlicher Genehmigung des Friedrich Reinhardt Verlages, Basel.

Die Deutsche Bibliothek – CIP-Einheitsaufnahme

Reiser, Werner:
Der verhaftete Friedensengel : kritische Legenden /
Werner Reiser. – Orig.-Ausg. -
Gütersloh : Gütersloher Verl.-Haus, 1997
(Gütersloher Taschenbücher ; 1317)
ISBN 3-579-01317-3
NE: GT

ISBN 3-579-01317-3

Umschlaggestaltung: Dieter Rehder, Aachen, unter Verwendung einer Zeichnung von Jan Buchholz, Hamburg.
Satz: Weserdruckerei Rolf Oesselmann GmbH, Stolzenau
Druck und Bindung: Clausen und Bosse, Leck
Gedruckt auf chlorfrei gebleichtem Werkdruckpapier
Printed in Germany

Inhalt

Vorwort

Engel und Legende sind buchstabenmäßig so eng miteinander verbunden, daß sie fast austauschbar zu sein scheinen, besonders wenn beide mit Weihnachten zu tun haben. Das muß nicht so sein. Die hier vorgelegten Erzählungen kreisen zwar auch vorwiegend um das Geheimnis der Menschwerdung, aber wollen auf dem irdischen Boden bleiben. Durch die Begegnung mit dem Kind geraten Menschen in Bewegung, finden sie ihre Erwartungen entblößt und anders erfüllt, werden sie der eigenen Hinter- und Abgründigkeit bewußt. Selbst der »verhaftete Friedensengel« scheitert an der Härte der irdischen Realität.

Über den Weihnachtszyklus hinaus greifen die Legenden profane und religiöse Probleme der Zeit auf, die nicht ohne krisenhafte Umwandlung von Menschen beantwortet werden können. Die so verstandenen »kritischen« Legenden kulminieren nicht zufällig in der Passionserzählung »Die andere Versuchung«, in der die religiösesten Bilder vom Leiden und Sterben Jesu an eben diesem Leiden und Sterben zerbrechen.

Ich danke dem Gütersloher Verlagshaus und der Schweizerischen Reformationsstiftung, daß sie es ermöglicht haben, diese Texte in einem weiteren Legendenbändchen zu vereinen. Da von den früheren Büchern aus dem Friedrich Reinhardt Verlag, Basel, auch »Der verhaftete Friedensengel« vergriffen ist, kann er zusammen mit »Der gute Sohn von Bethlehem« und zwei unveröffentlichten Legenden neu auf den Weg gehen.

Basel, im Januar 1997 *Werner Reiser*

Der rechte Ort

Beinahe wäre er wieder zu spät gekommen. Aber es hatte sich so vieles angehäuft, daß er sich fast nicht freimachen konnte. Seit die Volkszählung im Gange war, waren zu viele Menschen unterwegs. Sie mußten ihren Heimatort aufsuchen und verloren dabei ihre Festigkeit. Viele wußten nicht mehr recht, wo sie hingehörten, und verrannten sich nach allen möglichen Richtungen. Sie mußten zurückgeholt und auf die rechte Straße geführt werden.

Davon hatten sie da oben keine Ahnung. Sie waren immer nur um die eine Mitte versammelt und ließen sich von nichts und niemandem zerstreuen. Dafür lastete umso mehr auf ihm. Kaum entdeckte er ein menschliches Durcheinander, war er schon unterwegs, während die andern noch nichts spürten, und er war es noch, wenn sie meinten, die Dinge gelöst zu haben. So kam es, daß er immer bis zuletzt beschäftigt war und atemlos zu ihren Versammlungen kam, von den einen belächelt, von den andern bedauert. Aber sie ließen ihm am Rand stets einen Platz frei, damit er spät kommen und früh gehen konnte.

Kaum war er da, begann die Audienz. Sie war diesmal besonders feierlich. Mit der Geburt eines ungewöhnlichen Kindes sollte eine neue Epoche eröffnet werden. Die gehobene Stimme des Erzengels, der das große Ereignis ankündigte, fiel zwar bis zu den äußersten Rändern etwas ab, aber das, was er hörte, konnte er gut verstehen. »Maria aus Nazareth wird ein Kind gebären ...« Kaum hatte er das gehört, war er schon unterwegs. Er vernahm noch, daß weiter gesprochen wurde, aber nicht worüber. Von ferne hörte er einen gewaltigen Jubel und den ersten Chorgesang. Aber da war er schon weit weg und strebte mit beschleunigter Geschwindigkeit seinem Ziel zu. Keiner sollte ihm zuvorkommen. Eine Ewigkeit hatte er darauf gewartet, nicht nur bei menschlichen Nebendingen, sondern bei einer großen Weltsache als erster dabei zu sein.

Freilich war er in allem Stolz ein wenig erstaunt, daß ihm niemand folgte. So lange dauerte die Audienz doch nicht. Er hatte erwartet, daß sich eine Lichterstraße nach Nazareth ergießen würde, an deren Spitze er dort eintraf, von allen gesehen, erkannt und gelobt. So weit vorn und doch gänzlich im Dunkeln zu sein, beunruhigte ihn. Er verstärkte seinen eigenen Glanz, um sich nicht zu einsam zu fühlen, und erkannte in seinem Widerschein plötzlich, daß ihm ein anderer Lichtstrahl entgegenkam. »Ich bin in Nazareth«, jauchzte er, »hier kommt soeben das Kind zur Welt, und ich bin zur rechten Zeit da!« Er folgte dem Lichtstrahl und kam zu einer armseligen Hütte am Rand des Dorfes. Nichts bewegte sich in ihr und um sie, das ganze Dorf schien verlassen. Und doch leuchtete dieser geheimnisvolle Strahl, den jedes Neugeborene in die Welt wirft, aus der Hütte und zog ihn hinein. Eine junge Mutter, fast selber noch ein Kind, lag erschöpft auf einer Decke am Boden und hielt das Kind an ihrer Brust, ein kräftiges Mädchen. »Ein Mädchen als Anfang einer neuen Zeit?« stammelte er etwas verwirrt. War dies das Geheimnis? Davon hatten sie wohl gesprochen, als er längst auf dem Wege war. Fast bereute er es, so voreilig gewesen zu sein und nichts Genaueres zu wissen. Aber er faßte sich schnell. Das war das Geheimnis: Im Himmel und auf Erden schauten alle stets in der einen Richtung und warteten auf einen neuen Erlöser, einen neuen König, einen neuen Knaben. Nur Gott schaute rundum und wählte unter allen Geschlechtern. Er hatte sich für dieses Mädchen aus Nazareth entschieden. Und er fing an, die geschwisterliche Weisheit Gottes zu preisen und das Kind und seine Mutter mit seiner himmlischen Wärme und seinem Lied einzuhüllen.

Wo blieben nur die andern, die Tausendmaltausend, die den Lobgesang angestimmt hatten? Sie wußten doch mehr als er und konnten mit aller gebührenden Würde und Fülle dieses Kind in der Welt begrüßen und ehren und mit ihrem Lichterteppich die ganze Gegend überfluten und aufwecken. Aber dunkel und stumm blieb alles. Nur seine Wärme und die beiden Lichtstrahlen, die einander begegneten, durchdrangen diese irdische Einsamkeit.

Erst gegen Morgen ahnte er, was geschehen war. Er vernahm die Stimmen einiger Gefährten, die in der Nähe vorübergingen und das Wunder lobten, das sie in dieser Nacht in Bethlehem gesehen hatten. Es dauerte einige Zeit, bis er andere, ihm vertrautere, traf und sie fragte, ob denn das Kind nicht in Nazareth zur Welt kommen sollte. »In Nazareth?« fragten sie zurück, »wie kommst du darauf? Kann aus Nazareth etwas Gutes kommen? Geh nach Bethlehem zurück, und du wirst wissen, warum es so sein muß.« Er verstummte und schlich in die Hütte zurück. Er zitterte vor Scham und klagte sich an: »Ich bin voreilig und übereifrig und habe mich selbst um das schönste Erlebnis gebracht. Ich bin am falschen Ort und beim falschen Kind und nirgends recht zu gebrauchen.«

Da vernahm er eine leise Stimme, die sagte: »Das ist nicht der falsche Ort und schon gar nicht das falsche Kind. Es ist nur ein anderer Ort und ein anderes Kind, und du bist für es der rechte Engel. Was immer dich gedrängt hat, hierherzukommen, du bist jetzt da und wirst bei diesem Kind und seiner Mutter sein, solange sie dich brauchen. Deine Gaben werden dir dabei dienen. – Und nun rufe die Nachbarinnen herbei, damit sie sich um die Mutter und das Mädchen kümmern. Es ist höchste Zeit.«

Der verhaftete Friedensengel

Als die Engel den Lobgesang über den Feldern von Bethlehem beendet hatten und sich wieder in die unsichtbare Welt zurückzogen, ließ sich einer von ihnen zur Erde sinken. Ihn drängte es, hinter den Hirten her in die Stadt Davids zu gehen und die Sache zu sehen, die geschehen war. Er ahnte nicht, was mit ihm geschehen würde.

Er hüllte sich in die Gestalt eines Menschen, um wie einer von ihnen dabeizusein und das Geheimnis des Friedens mit ihren Sinnen zu sehen, zu hören und zu riechen. Dabei verspätete er sich ein wenig und zog allein des Wegs. Als er in das Tor von Bethlehem trat, wurde er von römischen Soldaten angehalten. Einer von ihnen fragte den unbekannten Einzelgänger nach dem Ausweis. »Meinen Ausweis?« fragte er zurück, »ich habe keinen und ich brauche keinen, ich weiß, wer ich bin.« Und er richtete sich ein wenig auf, um sie seine verborgene Erhabenheit spüren zu lassen. Aber er fiel schnell wieder zusammen, als fremde Hände in seinen Mantel und seine Taschen fuhren und seinen Leib abtasteten. »Nichts«, sagten die Männer, »keinen Ausweis, keine Waffe, kein Geld.« »Nichts?« fragte der Anführer der Gruppe, »macht nichts, wir nehmen ihn mit. Er ist verhaftet.«

Er wurde an beiden Armen gepackt und fortgeführt. Das war freilich ein ungewohnter Griff, aber er befremdete ihn nicht allzusehr. Daß Menschen zupacken, während Engel nur leise berühren und führen, wußte er wohl. Er lächelte wissend vor sich hin und war neugierig, wie es weiterginge. Er war in Bethlehem, in der Nähe des Kindes und fürchtete sich vor nichts. Er bedachte nicht, daß die Himmlischen unendliche Geheimnisse kennen, aber in den irdischen Dingen doch nicht so ganz heimisch sind. Er sollte bald mit ihnen vertraut werden.

Im Wachtlokal führten ihn die Soldaten dem Wachtkommandanten vor. Sie berichteten ihm, wo sie ihn angehalten hatten und was ihnen verdächtig vorgekommen war. Der Wachtkommandant faßte ihn ins Auge und begann ein Verhör.

»Wie heißest du?«

Er antwortete: »Ich bin ein Sohn des Friedens.«

Der Kommandant befahl dem Schreiber, der neben ihm stand: »Schreibe: Ben Schalom.«

Dann fragte er: »Woher kommst du?«

Der Engel antwortete: »Ich komme aus dem Reich des Lichts.«

Der andere erwiderte: »Also von Sonnenaufgang?«

Der Engel meinte: »Man kann es auch so sagen« und freute sich schon, daß er recht verstanden wurde. Der Kommandant diktierte: »Schreibe: von Osten.« Dann fuhr er fort: »Du kommst also von jenseits unserer Grenzen?«

Der Engel: »Allerdings, von sehr jenseits eurer Grenzen. Aber was heißt das schon, eure Grenzziehung ist für uns nicht gültig, wir sind überall.«

Der Kommandant nickte erstaunt: »Das ist sehr aufschlußreich. So viel hat noch keiner freiwillig zugegeben. Ihr seid also viele?«

Der Engel erwiderte: »Ja, wir sind sehr viele, aber das wissen nur wenige von euch.«

Darauf der andere: »Wir werden bald mehr darüber wissen«, und dem Schreiber befahl er: »Schreibe: einer von vielen, noch unbekannten feindlichen Kundschaftern aus dem Osten, der unsere Grenzen nicht anerkennt.«

Der Engel protestierte: »Nein, nicht feindlich, um Himmels willen. Von jenseits der Grenzen zu kommen, ist alles andere als feindlich!«

Der Wachtkommandant wies den Protest zurück: »Mir kannst du nichts vormachen. Ich weiß, wer Freund und wer Feind ist. Im übrigen hast du nichts zu erklären, du hast nur zu antworten ... Du bist also geschickt worden?«

Der Engel faßte neuen Mut und stimmte zu: »So ist es. Ich bin ein Bote.«

Der Kommandant griff rasch zu: »Du gibst es zu? Wie lautet dein Auftrag?«

Der Engel wurde verlegen. Ihm wurde bewußt, daß er von sich aus entschieden hatte, auf der Erde zurückzubleiben und menschliche Gestalt anzunehmen. Ein Auftrag war es nicht gewesen. Der andere merkte, wie er zögerte, und fragte nochmals: »Wie lautet dein Auftrag?«

Der Engel antwortete: »Ich sollte mich in der Gegend von Bethlehem einfinden und dort mit Menschen des Friedens Verbindung aufnehmen. Alles weitere würde sich von selbst ergeben.«

Der Wachtkommandant besann sich eine Weile und sagte dann: »Man scheint dir bei deinem Auftrag große Freiheit zu lassen. Du mußt einer von weit oben sein.« Dem Schreiber befahl er: »Schreibe: die Gegend um Bethlehem ist Zentrum feindlicher Tätigkeit. Es werden Spitzenleute eingesetzt.«

Der Engel war freudig verwirrt. »Von weit oben«, hatte er gesagt. Merkte dieser mißtrauische Mensch allmählich, mit wem er es zu tun hatte? Er war so in seine Freude versunken, daß er nicht hörte, was diktiert wurde. Er sah auch nicht, daß der Kommandant einem Soldaten etwas befahl und dieser wegging. Er kam erst aus seiner Freude zurück, als die Türe aufging und der Soldat einige Gefangene hereinbrachte. Der Kommandant stellte sie dem Engel gegenüber auf und fragte ihn: »Kennst du diese Männer?« Der Engel schaute sie an und erkannte sie. Es waren Geschöpfe Gottes, die ihm anvertraut worden waren. Er hatte sie zu gewissen Zeiten begleitet und bewahrt. Er nickte: »Ja, ich kenne sie. Ich war ihnen sehr nahe.« Der Vorgesetzte fragte einen nach dem andern: »Kennst du diesen da?« Einer nach dem andern schüttelte den Kopf und sagte: »Nein, ich kenne ihn nicht.« Bevor der Engel noch etwas erwidern konnte, wurden die Gefangenen abgeführt. Der Wachtkommandant trat vor ihn hin und betonte: »Du kennst sie, aber sie kennen dich nicht. Du mußtest sie überwachen, nicht wahr? Bei deiner Stellung habe ich nichts anderes erwartet.«

»Bewacht habe ich sie, nicht überwacht!« korrigierte ihn der Engel. Aber der andere winkte ab und sagte: »Mir brauchst du nichts zu erklären. Ich bin im Bild. Es paßt alles zusammen.« Er griff nach dem Blatt des Schreibers und überflog es: »Du gibst zu: Du bist Ben Schalom, stammst aus einem feindlichen Land im Osten, respektierst unsere Grenzen nicht, bist einer von vielen, die uns auskundschaften, du mußt als Sonderbeauftragter in dieser Gegend Leute für eure Sache gewinnen und bei der Durchführung eurer Pläne überwachen. Das alles genügt mir.«

Der Engel erschrak. So tönte es im Mund eines Irdischen, was er von sich und seinem überirdischen Auftrag erzählt hatte. Er hörte seine eigenen Worte, und doch war alles ganz anders, als er gesagt hatte und als es war. War denn keines seiner Worte recht angekommen? Bekamen bei den Menschen die Worte einen ganz andern Sinn, als sie ursprünglich hatten? Bei den Himmlischen war alles klar, das Wort war geborgen und ruhte in sich und seiner inneren

Wahrheit, aber hier fiel es wie ein unbeschützter nackter Vogel aus dem Nest und blieb zerquetscht am Boden liegen. Ihm war bekannt, daß bei den Menschen Worte und Taten auseinanderklafften, die im Himmel eins waren, aber daß die Worte selbst auseinanderbrechen könnten, darauf war er nicht vorbereitet gewesen. Ihm wurde es unheimlich zumute. Er war dieser mehrdeutigen Welt nicht gewachsen und sehnte sich in die himmlische Klarheit zurück.

Plötzlich erinnerte er sich seiner Verkleidung und atmete auf. Er brauchte diese menschliche Gestalt nur abzustreifen, um in seinem Glanz vor ihnen zu stehen und aufzufahren. Vielleicht würden sie vor Freude und Ehrfurcht so überwältigt sein, daß sie das Mißtrauen ihres Wesens und die Zwiespältigkeit ihrer Worte erkennten und abschüttelten. Er sammelte sich, lockerte Beine und Schultern, streckte die Arme aus, um sich aufzuschwingen und – fiel in sich zusammen. Die Arme fielen herunter, die Füße waren erdenschwer, der Leib gehorchte dem Willen nicht mehr. Alle Kraft zog ihn nach unten. Er rief verzweifelt nach oben um Hilfe, aber niemand kam. Statt dessen hörte er eine leise Stimme, die sagte: »Bleibe, wie du bist. Du bist einer von ihnen und mußt es durchstehen wie sie.« Es wurde dunkel vor seinen Augen, und er brach zusammen.

Er kam erst wieder zu sich, als ihn Soldatenhände packten, aufhoben, wegschleppten und auf einen Strohhaufen warfen. »So könnt ihr mich ihnen doch nicht überlassen!« begehrte er nach oben auf. Da hörte er wieder die leise Stimme, die sagte: »Der Friede beginnt heute nacht auf einem Strohhaufen.« Dann fiel er in einen schweren Schlaf.

Er erwachte, als er grob geschüttelt wurde. Er hatte keine Ahnung, wie lange er geschlafen hatte. Er entsann sich nur, irgendwann einmal geträumt zu haben, daß er einen Mann, der neben einer Krippe lag, gedrängt hatte, mit Frau und Kind das Heim zu verlassen und nach Ägypten zu fliehen. »Steh auf, du mußt zum Kommandanten!« befahl ihm ein Soldat, zerrte ihn hoch und schob ihn vor sich im Dunkeln her.

Es war ein anderer, dem er vorgeführt wurde. Er kannte sich zwar in den irdischen Rängen nicht recht aus, da er stets nur auf die Herzen achtete, aber er spürte sogleich, daß dieser mehr zu befehlen hatte und der Sache tiefer nachging. Auch der Kommandant schien etwas von der verborgenen Bedeutung des Vorgeführten zu ahnen und schaute ihn aufmerksam an. Dann blickte er auf ein Blatt und sagte: »Du bist kein gewöhnlicher Bote. Du bist von oberster

Stelle eingesetzt.« Beide nickten einander schweigend zu. Dann fuhr er fort: »Was ist deine Aufgabe?«

Der Engel antwortete: »Ich will dem Frieden dienen. Ich habe keine andere Absicht.«

Der Kommandant erwiderte: »Das tun wir auch. Wir haben auch keine andere Absicht. Wir vertreten überall in der Welt den römischen Frieden. Darin sind wir uns einig. Willst du in unsere Dienste treten? Wir können Leute von deiner Art gut brauchen.«

Der Engel hob abwehrend die Hände: »Ihr vertretet euren Frieden mit Gewalt, mit Soldaten, Schwertern und Lanzen. Das ist nicht meine Sache.«

Der Kommandant antwortete: »Ich weiß, daß du mit andern Mitteln kämpfst. Aber es kommt auf dasselbe heraus. Da, wo du herkommst, gibt es auch Heere und Waffen. Spiel mir nichts vor!«

Er stutzte. Ahnte der andere etwas? Dann erwiderte er: »Es ist ganz anders, als du meinst. Unsere Heere und Waffen sind von geistiger Art und schaden niemandem.«

Der Kommandant antwortete unwillig: »Du bist ein Spion und – was noch gefährlicher ist – ein Schwärmer. Du siehst die Wirklichkeit nicht, wie sie ist. Aber wenn du willst, kannst du auch bei uns mit deinen unblutigen Waffen für den Frieden kämpfen.«

Der Engel spürte, wie eine unerwartete Hoffnung in ihm aufkeimte. Er fragte: »Kann ich euren Soldaten den Frieden geben?«

Der Kommandant ging sofort darauf ein: »Warum nicht? Lege ihnen den Frieden in die Seele. Sie haben ihn nötig. In ihren Herzen ist soviel Angst vor dem Tod. Nimm sie ihnen weg und gib ihnen beim Sterben deinen Frieden, das wird für sie eine große Hilfe sein.«

Der Engel fuhr auf: »Aber ich werde ihnen dabei etwas ganz anderes ins Herz legen, als du willst, so daß sie die Waffen niederlegen und einen Frieden begehren, der zum Leben und nicht zum Sterben führt. Das werde ich tun, so wahr ich lebe!«

Der Kommandant erwiderte schroff: »Das wirst du nicht tun. Ich sehe, daß du unser Feind bist und bleibst. So wahr du lebst, du wirst noch in dieser Nacht dein Leben verlieren ... Wegführen!« Noch bevor die Soldaten zugriffen, trat der Engel einen Schritt vor und küßte den Kommandanten auf die Stirn.

Als er wieder auf dem Stroh in der Ecke saß, dachte er lange über sein bevorstehendes Ende und seinen mißlungenen Friedensweg nach. Noch mehr als das, was ihm geschehen sollte, machte ihm bange, daß der Friede den Menschen so unverständlich und fremd blieb. Sie seufzten und schrien zwar nach ihm, aber sobald er unter ihnen zu wirken begann, fürchteten sie ihn. Er machte sie unruhig und unsicher. Lieber verließen sie sich auf ihre hartgetretenen Wege, als sich auf etwas Neues und Werdendes einzulassen. Der Friede war aber doch nicht dazu bestimmt, wie ein schöner Traum über der Erde zu schweben und auf ihr selber nie Fuß zu fassen. Weshalb wurde er den Menschen so schwer gemacht? »Warum steht ihr uns nicht kräftiger bei und treibt das Werk des Friedens unter uns?« begehrte er nach oben auf. Da hörte er wieder die leise Stimme, die sagte: »Es gibt keinen Frieden ohne Leiden und Opfer. Er fällt nicht vom Himmel auf die Erde. Er wirkt nur durch Menschen, die ihn wollen. Du bist einer von ihnen.«

In der letzten Stunde der Nacht führten sie ihn hinaus. Einige Soldaten trugen ein Schwert, andere einen Spaten. Kein Mensch war zu sehen, kein Himmlischer zu spüren. Als sie aus dem Tor hinaustraten, sah er in der Morgendämmerung einen Mann neben einem Esel gehen, auf dem eine Frau mit ihrem Kinde saß. Die Soldaten beachteten sie nicht. Er aber fühlte plötzlich eine seltsame Wärme und eine große Freude und flüsterte vor sich hin: »Nur Mut, es geht weiter. Der Friede ist unterwegs.«

Dann ging alles sehr schnell. Er spürte den Schlag – und war als Engel des Friedens wieder bei sich. Er stand da und blickte auf die menschliche Hülle, die zu seinen Füßen lag. Er war dankbar für die schmerzliche Erfahrung, die sie ihm in diesen Tagen vermittelt hatte. Niemand nahm ihn wahr. Die Soldaten entfernten sich. Zwei von ihnen blieben mit dem Spaten zurück und hoben ein Grab aus. Er hörte noch zu, wie sie miteinander redeten. Der eine sagte: »Früher habe ich damit meinen Garten umgegraben. Das war eine gute Zeit.« Der andere erwiderte: »Und ich habe damit den Boden ausgehoben, um die Grundmauern für ein Haus zu legen. Damals war ich glücklich.« Dann gruben sie schweigend weiter.

Er aber machte sich auf den Weg, um die kleine Gruppe einzuholen, die in der Morgendämmerung verschwunden war. Einmal wandte er sich noch um und sah im ersten Licht des Tages, wie zwei Männer mit einem Spaten auf der Schulter die Gegend von Bethlehem verließen und, ohne es zu wissen, dem Weg der Frau mit dem Kinde folgten.

Der gute Sohn von Bethlehem

In dem Haus, in dem Maria und Joseph Unterkunft gefunden hatten, diente eine junge Magd. Sie hatte sogleich den Zustand der werdenden Mutter erkannt und schon allerlei für die Geburt bereitgelegt. Sie war im Haus und im Dorf wegen ihres freundlichen Wesens wohlgelitten, auch wenn viele über sie manchmal den Kopf schüttelten. Denn sie äußerte seltsame Gedanken, die sonst niemand von ihnen hatte. Sie war als kleine Waise aufgenommen worden und mit den andern Kindern aufgewachsen. Als die sie einmal fragten, woher sie käme, antwortete sie bestimmt: »Ich bin früher eine Prinzessin gewesen, jetzt lebe ich hier.« Die Kinder hatten sie ausgelacht, aber sie hatte sich von ihrer Überzeugung nicht abbringen lassen, auch nicht später, wenn sie etwa beim Spiel oder bei der Arbeit »Prinzessin« gerufen wurde. In ihrer Seele wußte sie, daß sie früher nicht nur ihre verstorbenen Eltern, sondern manch andere Eltern und Schicksale gehabt hatte. Und viele ihrer Träume bestärkten sie darin. Doch sie sprach mit niemandem darüber. Nur blickte sie Kindern und Erwachsenen gern tief in die Augen. Sie erlebte dabei oft, daß in ihnen ein Wesen von ganz anderer Art oder von anderem Alter sie anschaute als das, was sie sonst waren. Das bestätigte ihr Wissen, daß in den Menschen ein Geheimnis ist, das mehr ist als das gewöhnliche Leben. Aber das konnte sie niemandem anvertrauen.

Dagegen hatte sie keine Bedenken, andere Gedanken auszusprechen, für die sie weit mehr gehänselt wurde. Sie behauptete nämlich, daß die Frauen ebensoviel wert wären wie die Männer und auch fähig, im gemeinsamen Leben mitzureden und es zu leiten. Doch dann belehrten sie alle, Frauen und Männer, mit einem alten Sprichwort, daß eher eine Henne krähen würde, als daß eine Frau etwas zu entscheiden hätte. Aber da sie tüchtig und treu diente und überall im Dorf zugriff, wo es zu helfen gab, nahm man ihr die merkwürdigen Gedanken nicht übel.

Als im Haus die Geburt im Gange war, holte sie draußen am Brunnen Wasser. Sie hörte neben sich plötzlich das Schnaufen eines Tieres, und als sie näher hinschaute, sah sie den Esel, der einem jungen Mann im Dorf gehörte, den alle den »guten Sohn« nannten. »Was tust denn du hier?« fragte sie, jedoch der Esel streckte nur den Kopf gegen die Hütte aus, als ob er hineingehen wollte. »Du gehörst nicht hierher«, sagte sie ihm, »geh zu deinem Herrn!« Aber da er störrisch stehenblieb und immer nur den Kopf dorthin wandte, kam ihr auf einmal das uralte Wort des Propheten in den Sinn, wonach »ein Esel die Krippe seines Herrn besser kennt als das Volk seinen Gott«. Sie schaute ihn nachdenklich an und wagte nicht mehr, ihn fortzuschicken, sondern ließ ihn stehen und hieß ihn warten, bis sie ihn holen würde.

Nachdem drinnen das Kind zur Welt gekommen, gereinigt, in Windeln und in die Krippe gelegt worden war, nahte sich die Magd dem Neugeborenen. Sie schaute ihm in die Augen, um den Glanz des Himmels in ihnen zu finden, den sie so oft bei Neugeborenen hatte leuchten sehen. Aber hier sah sie mehr. Nach langem Schweigen sprach sie zu ihm: »Ja, du bist es und warst es immer. Ehe eines von uns war, bist du. Du stammst aus einer andern Welt und kommst doch freiwillig in unsere Welt. Du bist ganz dort und bist ganz da. Du gehörst zu Gott und gehörst zu uns. Dir fühlte ich mich nahe in meinen Träumen, und jetzt bist du gekommen. Nun ist meine Seele zuhause, sie ist bei dir und ist bei mir wie noch nie zuvor. Ich muß nicht mehr sein, die ich war. Ich bin, die ich bin.«

Eine nie empfundene Geborgenheit breitete sich in ihr aus. Sie erhob sich ruhig und glücklich und ging hinaus, um das Geheimnis in sich zu bewegen. Sie bemerkte nicht, daß Leute kamen und gingen, sie kam erst zu sich, als ihre Hand etwas Feuchtes spürte, das Maul des Esels. »Komm, du kluges Tier, du hast es vorausgefühlt, du kommst an die rechte Krippe«, sagte sie und führte ihn hinein. Als einige Frauen das Tier vertreiben wollten, bat sie: »Laßt ihn, er gehört hierher und kann mit seiner Nähe dem Kind Wärme geben. Die Türe geht ja doch immer auf und zu.«

So war es. Viele kamen, um das Kind zu sehen, manche gingen wieder, andere blieben sitzen. Einmal öffnete sich die Türe weit und wurde sogleich wieder verdunkelt, weil eine große Erscheinung sie ausfüllte. Ein junger Mann trug auf seinem Rücken die alte Mutter herein. »Seht den guten Sohn mit seiner Mutter!« flüsterten die andern und machten ihm ehrfürchtig Platz. Er setzte sie sorgfältig neben der Krippe zu Boden und stützte sie, während sie das Kind betrachtete. »Der gute Sohn«, sagten die andern, »er tut wirklich alles für sie. Seit ihr Mann gestorben ist, ist er nur noch für sie da. Und obwohl sie immer schwächer wird und kaum mehr gehen kann, nimmt er keine junge Frau ins Haus. Schon mit einigen hat er es versucht, aber wenn es dann jeweils der Mutter plötzlich schlimmer ging, konnte keine von ihnen sie so gut versorgen wie er. Sogar die ›Prinzessin‹ genügte ihm dafür nicht, und er hat sie weggeschickt. Er ist so gut wie kein anderer.« So flüsterten sie untereinander, während die beiden an der Krippe standen. Dann trug er die Mutter zu einem Haufen Stroh, wo er sie neben einem alten Mann, den er noch nie gesehen hatte, hinsetzte. Er selbst trat noch einmal zur Krippe.

Dort entstand jäh eine unruhige Bewegung. Der Esel drehte und drängte sich immer enger zu ihr. Das tat er nicht nur, weil er in ihr mehr sah als die Menschen. Das konnte er zwar wie alle seiner Zunft, und das schon seit der Zeit des Sehers Bileam. Ihr wißt, daß dessen Eselin auf dem Weg einen Engel mit dem gezückten Schwert in der Hand wahrgenommen hatte, den nicht einmal der Seher sah. Seither sind die Esel hellsichtiger und hellhöriger als die Menschen. Deshalb hatte er auch die Engel über dem Feld gesehen, bevor noch die Hirten sie erkannten, und war als erster zur Krippe getrabt, ohne seinen irdischen Herrn abzuwarten. Er hatte nicht einmal ein schlechtes Gewissen, daß dieser deshalb seine Mutter selber auf dem Rükken hatte hierhertragen müssen. Nein, es war etwas anderes, das ihn beunruhigte. Er fürchtete seine Fäuste und Füße. Er bekam sie gar nicht so selten zu spüren, und in seiner Hellsichtigkeit wußte er auch weshalb. So oft der gute Sohn mißmutig, unzufrieden und von einem unfaßbaren Kummer oder Zorn geplagt war und sich selber nicht zu helfen wußte, ließ er es den Esel entgelten. Zwar geschah es im geheimen, und da die Tiere nicht reden können, erfuhr es auch niemand. Und weil die Menschen den Tieren zu wenig in die Augen schauen und nach ihrer Seele fragen, bemerkte auch keiner seinen traurigen Blick. Jetzt standen die beiden an derselben Krippe, und der Esel wurde unruhig.

Doch der junge Mann hatte keinen Blick für ihn. Das Kind in der Krippe überwältigte ihn. In seinen Augen erkannte er eine Reinheit und Güte, die alles in ihm aufwühlte. »Du bist gut, du bist allein gut«, stammelte er. »Deine Güte kommt aus dem Herzen, nicht aus dem eigenen oder einem fremden Willen. Du mußt dir keine Mühe geben und wirst dich nie zwingen müssen, gut zu sein. Du bist es.«

Alle Gefühle brachen in ihm auf, und auf einmal umarmte er den Esel und fing an zu weinen. Er preßte den Kopf an dessen Hals und schluchzte, schluchzte seinen ganzen Schmerz, seine Traurigkeit und Einsamkeit hinein. Und das Tier hörte ihm mit seinen langen Ohren aufmerksam zu und verstand alles.

Auf dem Strohhaufen redeten unterdessen der alte Mann und die Mutter miteinander. Joseph, er war es natürlich, sagte zu ihr: »Ich habe gehört, daß man deinen Sohn den ›Guten‹ nennt. Warum sagen ihm die Leute so?« Die Mutter antwortete stolz: »Seit dem frühen Tod meines Mannes ist er nur noch für mich da. Er ist meine Hand und mein Fuß und hat nur Augen für mich. Ich wünsche dir, daß dir in deinem Kind auch ein so guter Sohn heranwächst.«

Joseph erwiderte: »Ich danke dir für deinen Wunsch. Ich hoffe auch, daß er ein guter Sohn sein wird, aber er soll nicht unser guter Sohn sein.«

Sie schaute ihn erstaunt an. »Warum sagst du das? Das ist doch dasselbe.«

Joseph antwortete: »Nein, das ist nicht dasselbe. Mein Sohn soll nicht mein Diener sein. Er soll so werden, wie er werden soll und wie Gott es ihm ins Herz legt. Ich bin dankbar, wenn er zu uns gut ist, solange er bei uns ist. Aber er soll seinen Weg gehen, wenn Gott ihn von uns weg und dahin führt, wo er ihn für andere haben will. Ich möchte ihn dann nicht daran hindern.«

Erschrocken schaute ihn die Frau an und öffnete den Mund, um ihm zu entgegnen. Aber in diesem Augenblick vernahm sie das Schluchzen ihres Sohnes. Sie blickte zu ihm hinüber, sah, was dort geschah, und ahnte in aufquellendem Schmerz auf einmal, warum es geschah. Sie spürte, wie einsam und traurig ihr Sohn neben ihr geworden war, und es fiel schwer in ihr Herz zurück. Sie wollte aufstehen und ihn trösten. Aber Joseph drängte sie zurück. »Laß ihn. Ein anderer verhilft ihm jetzt zum Leben. Sei nur für dich still. Laß geschehen, was in dir geschehen muß.« Und sie blieben schweigend nebeneinander sitzen.

Als nach einiger Zeit das Schluchzen verstummte, stand sie auf. Joseph wollte sie stützen, doch sie wehrte es ab und ging gebückt, aber ohne Hilfe zur Krippe. Mit der einen Hand umfaßte sie den Sohn, mit der andern streichelte sie das Tier und sprach leise zu ihnen: »Verzeiht mir, ich war so eigensüchtig. Meinetwegen soll keiner mehr traurig sein müssen.« Dann griff sie nach dem Stock des Sohnes, auf den er sich gestützt, als er sie hergetragen hatte, grüßte Joseph und verließ die Hütte, um allein nach Hause zu gehen. Alle schauten ihr überrascht nach, aber auf Josephs Gesicht leuchtete es auf.

Als im Laufe der Nacht alle gegangen waren, blieben nur die Eltern mit dem Kind, dem der Esel noch immer Wärme gab, und die beiden jungen Leute zurück, die die Wache übernehmen wollten. Sie hatten sich viel zu erzählen und hörten einander nachdenklich zu, bis auch sie einschliefen.

Die Magd erwachte, als es draußen krähte. Sie ging eilends hinaus, um den Hahn zum Schweigen zu bringen. Aber da war kein Hahn zu sehen, nur eine Henne saß auf der Stange. Sie wurde bleich vor Erregung. Aber dann lächelte sie und flüsterte zuversichtlich: »Eine neue Zeit hat begonnen.«

Sie trat in die Hütte und sah eben, wie Joseph erwachte, erschrocken um sich blickte und sagte: »Wir müssen aufbrechen. Ein Engel ist mir im Traum erschienen und hat mich vor einer großen Gefahr gewarnt, die dem Kinde droht.« Während er Maria weckte, ging sie nach hinten, wo die Bewohner der Hütte schliefen, und kam bald mit einem geschnürten Bündel zurück. Sie erklärte: »Ich komme mit euch. Ich muß mit diesem Kind wandern, und die junge Mutter braucht die Hilfe einer Frau.«

Sie rüstete mit raschen Griffen alles für den Aufbruch. Der junge Mann schaute ihr wehmütig zu, bis sie fertig war. Dann faßte er nach dem Esel und sagte zu ihm: »Geh mit. Du gehörst nun zu ihnen. Du bekommst einen guten Herrn und wirst fortan einen wahrhaft guten Sohn tragen. Sei vorsichtig, du trägst eine kostbare Last!« Er streichelte ihn und gab ihm zum Abschied einen freundlichen Klaps.

Er schaute ihnen nach, bis sie in der Morgendämmerung verschwanden. Dann ging er mit kräftigen Schritten dorthin zurück, wo er schon einmal als Sohn zur Welt gekommen war.

Das Angebot

Kurz vor Weihnachten stand auf dem Münsterplatz ein Bote mit einem großen dunkelblauen Brief. Darauf waren nur drei Worte geschrieben: »An die Begnadete.« Er hatte den Brief kurz vorher dort in die Hand gedrückt bekommen, wo alles dieselbe tiefe Farbe hatte, und dazu den Auftrag vernommen, ihn in dieser Stadt abzugeben. Bei der Auswahl der Empfänger hatte er freie Hand, und helfend zur Seite stand ihm die anerkannte Geschicklichkeit seines Spürsinns.

Glückselig war er ausgezogen und hatte sich am Auftrag so gefreut, daß er mit dem Umschlag nach allen Seiten gewinkt und gelacht hatte. Das würde ein Auflauf werden, bei dem sich alle um ihn drängen und die Adresse ergänzen würden! Er hatte sich aber vorgenommen, sorgfältig und weise auszulesen.

Er hatte als Standort einen großen Platz ausgewählt, auf dem das Gedränge gut zu bestehen wäre. Erst als er in seine Nähe gekommen war, merkte er, daß der Platz nicht von Menschen, sondern von Autos voll besetzt war. Himmlische Boten achten immer zuerst auf das Innerste der Menschen und entdecken erst dann die Körper, die Kleider und die Bleche, die es umgeben. Aber er hatte sich rasch gefaßt: Wo Blech ist, sind auch Menschen zu erwarten. Für ihn roch alles nach Mensch, was mit Menschen zu tun hatte und von ihnen in Dienst genommen wurde.

Er stellte sich hin. Er hielt den Brief aufrecht in der Hand und stellte sich so hin, daß er jedem Vorübergehenden auffallen mußte. Aber wie wohlerzogen sie hier waren! Wohl schaute der eine und der andere auf ihn und sein Papier, aber keiner kam näher, um aus Neugier oder Interesse zu lesen. Nein, so war den Leuten nicht beizukommen. Er mußte sich ihnen nähern, sie anreden und herauslocken. Es war zwar unter seiner Würde, aber was zählten hier himmlisches Ansehen und Ehre. Die Adresse mußte vervollständigt werden. So lautete der Befehl.

»Dort, dort kommt eine Frau mit zwei Kindern und einer Markttasche, die von Tüten und Paketen überquillt. Sie muß glücklich sein, daß sie so üppig und kinderfroh dahinschreitet. Sie ist es!« dachte er und trat ihr in den Weg. »Ich habe einen Brief für Sie, wollen Sie bitte lesen«, sprach er sie an und streckte ihr den Umschlag entgegen. Sie musterte den Fremden überrascht. Man wird sonst hier auf der Straße nicht angesprochen, man läßt einander in Ruhe. Ein Brief, der nicht auf ordentliche Weise mit der Post kommt? Wohl ein neuer Reklametrick für die Weihnachtssaison? »Nein, danke, ich brauche nichts. Und wie Sie sehen, habe ich mit dem Einkauf und den Kindern alle Hände voll zu tun. Adieu!« Fast hätte aus lauter Freundlichkeit der Bote ihren Gruß erwidert und wollte eben sagen: »Ja, à Dieu – mit Gott!« Doch er schwieg bestürzt. Nicht mit Gott. Mit vollen Taschen und Paketen.

Ein paar junge Mädchen lachten unter den Kapuzen, Schülerinnen der benachbarten Schule. Er freute sich an ihnen. Er winkte ihnen fröhlich zu und streckte den Umschlag unter ihre Mützen. Sie schämten sich nicht, neugierig zu sein. »An die Begnadete?« sahen sie einander fragend an. »Ja«, bestätigte ihnen der Bote, »ich suche die Empfängerin des Briefes in dieser Stadt. Vielleicht ist eine von Ihnen damit gemeint.« – »Nein, gewiß nicht. Wir sind nicht besonders begabt. Eben hat einer unserer Lehrer festgestellt, daß unter uns keine Genies sind und wir unter dem Durchschnitt arbeiten. – Fragen Sie doch einen Künstler, von ihnen sagt man, daß sie begnadet seien. Wir sind es nicht. Wir können nicht einmal schön singen.« Eine Glocke läutete. Die Mädchen stoben davon.

Der Bote ließ den Brief sinken. Stand er am falschen Ort? In der falschen Stadt? Aber er hatte den Namen der Stadt gut gehört. Er ging ein wenig auf und ab. Es begann zu regnen. Einige Tropfen fielen auf den Umschlag und wellten das Papier. Als er es näher ansah, fiel ein Tropfen auf das zweite Wort und verwischte die letzten Buchstaben. Der Bote stutzte. Das war vielleicht ein Zeichen von oben. Nun könnte er auch die Männer unter die Empfänger reihen. »Die oder der Begnadete, was war das schon für ein Unterschied!« Natürlich, auch Männer gehörten dazu. Jener zum Beispiel, jener Mann mit der Aktenmappe. Er grüßte ihn freundlich und bat ihn um Hilfe wegen einer Adresse. Die bisherigen Erfahrungen stimmten ihn nun schon etwas angriffslustiger. »Ist das etwa Ihre Adresse?« half er dem Manne nach. Aber der wehrte heftig ab. »Ich bin nicht begnadigt, denn ich war nie verurteilt. Sehe ich etwa so aus? Mit Gerichtssachen habe ich nichts zu tun. Ich habe mir nichts vorzuwerfen. Fragen Sie auf dem Polizeiposten nach!« Und energisch drückte er seine Mappe unter den Arm und gegen das Herz. Gegen das nie verurteilte und nie begnadete Herz eines wohlanständigen Mannes. Wieder nichts. Der Bote blieb allein zurück.

Als er enttäuscht um sich schaute, sah er, daß andere Boten in ihrer typisch irdischen Kleidung zwischen den Autos herumgingen, da und dort stehenblieben und einen grünen Zettel auf die Windschutzscheibe legten. Die wollten auch jemandem eine freudige Überraschung machen! Ihr Vorgehen leuchtete ihm ein, und er näherte sich langsam einem der Autos und versuchte, den blauen Umschlag auf die Scheibe zu legen. Da kam ein Mann dahergerannt, hob die Hände und rief: »Ich bin rechtzeitig zurückgekommen. Verschonen Sie mich mit Ihrer Buße!« Der Bote stutzte: Buße. Diese Worte kannte er doch. Es löste bei ihnen im Himmel stets Freude aus, wenn einer von den Irdischen Buße tat. Es kam nicht oft vor, doch es wurde jedesmal ein Fest daraus. Aber dieser Mann sah keineswegs bußfertig und festlich aus. War auch die Buße bei den Menschen in Verruf gekommen? Er nahm den Umschlag von der Scheibe, zeigte ihn dem Manne und fragte erstaunt: »Sind Sie nicht glücklich über das, was hier steht?« Erst jetzt blickte der Mann näher hin und studierte die Anschrift. »Was soll ich mit diesem Papier? Ich bin Geschäftsmann. Ich bin vom Morgen bis zum Abend unterwegs und werde von meinen Kunden und Konkurrenten gnadenlos gehetzt. Mir wird nichts geschenkt. Ich muß selber alles hart erarbeiten. Gnad´ Gott dem, der da nicht mitkommt! – Aber nun halten Sie mich nicht länger auf. Ich habe noch einige Termine vor mir.« Und rasch stieg er ein und fuhr davon. »Ja, gnad´ Gott dem, der da nicht mitkommt«, flüsterte der Bote hinter ihm her und seufzte schwer. Er war dabei nicht mehr ganz sicher, wer nun eher die Gnade Gottes brauchte. War es der, der meinte, mitmachen zu müssen, und das Opfer der menschlichen Gnadenlosigkeit wurde? Oder war es der, der es wagte, nicht mehr mitzumachen, und sich damit ebenso der menschlichen Gnadenlosigkeit auslieferte? Konnten denn die Menschen die Gnade nur noch in Form ihrer Abwesenheit erleben? Aber warum streckten sie sich nicht nach ihr aus, sondern empfanden sie nur als Schimpf oder als Bedrohung? Etwas stimmte nicht mehr im himmlischen Haushalt.

Entweder war er für die Menschen zu unverständlich geworden, oder die Menschen wurden von ihm zu gut eingeschätzt. Die beiden Welten trafen sich nicht einmal mehr mit den Worten.

Der Platz wurde leer, der Regen immer stärker. Der Bote suchte Schutz vor ihm und stellte sich unter den schmalen Eingang des Münsters. Da war er wenigstens nicht ganz allein. Über ihm jubelten und tanzten in den Torbögen die Engel. Er wurde ganz neidisch. Sie konnten gut jubeln, denn sie waren aus Stein und mußten sich nicht mit den zu Stein erstarrten Herzen der Menschen herumschlagen. Wenn er nur endlich den Brief irgendwo hinlegen könnte, wo ihn zufällig jemand finden würde. Dann könnte er auch wie sie jubeln und tanzen.

Plötzlich erblickte er über sich eine Nische. Sie lag am mittleren Pfeiler des Eingangs, an dem gewiß viele Menschen vorbeigehen würden. Er streckte sich aus, um in die Nische zu blicken, und erschrak. Das war keine Nische. Das war ein leeres Postament, auf dem einst jemand gestanden hatte. Deutlich war noch der Fußabdruck zu erkennen. Den kannte er doch! Oft genug war er der, die solche Abdrücke hinterließ, zu Füßen gesessen und hatte sie angestrahlt. Maria. Die Mutter des Erlösers. Der Mensch, der zum ersten Mal diese Botschaft bekommen und angenommen hatte. Wollte sie ihn grüßen und ermutigen?

Aber wo war sie denn hingekommen? Ihr Postament war leer, leer wie der große Platz vor ihr, leer wie die Herzen der Menschen. Gab es für die Erstgeborene der Begnadeten auch keinen Raum in dieser Stadt, die so ungnädig wirkte? Konnte sie auch nur noch durch Abwesenheit wirken und durch den heimlichen Sog der Leere die Sehnsucht nach Gnade wecken? Ihr Sockel war leer, aber das bedeutete nichts. Sie konnte jederzeit wiederkommen, auch wenn sie sich nicht mehr sichtbar auf ihn stellte. Die Gnade war anwesend, auch wenn die Menschen nur noch unter ihrer Ferne litten. An diesem Ort wollte er seine Botschaft niederlegen. Hier war sie in guter Obhut.

Er legte den Brief auf den Sockel. Aber der Wind, der scharf um die Ecke wehte, wirbelte ihn zu Boden. Er hob ihn auf. Nun war er ganz feucht. »Nein, so geht es nicht«, sagte sich der Bote. »Ich darf die Gnade nicht am Boden verkommen lassen. Es gibt doch irgendwo einen Menschen, der sie freiwillig annimmt und sich an ihr freut. Vielleicht betritt jemand dieses Haus mit dem Heimweh nach ihr und ist froh, sie zu finden.« Er schaute das eisenbewehrte Portal an. Warum sollten während der Nacht immer nur Diebe und Demonstranten ins Münster eindringen und nicht auch einmal ein Bote aus einer andern Welt? Er drückte sich an die Pforte und drang hindurch. Mit seinem Licht erhellte er die Dunkelheit und schritt durch den großen Raum. Die Leere bedrückte ihn, aber stimmte ihn zugleich zuversichtlich. Da war doch Platz für viele, und unter den vielen würde ein Mensch sein, der das Angebot annehmen würde. Er legte den dunkelblauen Brief auf den Tisch. Dann zog er sich hinter eine der Säulen zurück und begann von neuem zu warten. Er durfte ja nicht dorthin zurückkehren, wo er den Auftrag erhalten hatte, bis dieser erfüllt war.

Seither liegt der Brief auf diesem Tisch und wartet auf den, der ihn annimmt. Mit ihm wartet im Verborgenen ein Bote Gottes auf einen Menschen, der sich nach einem gnädigen Leben sehnt.

Es begann in Ägypten

Man hört oft, daß die ersten Eindrücke die besten seien. Gewiß sind sie aber die unmittelbarsten und hinterlassen die tiefsten Spuren. Was ein Kind in den ersten Wochen seines Erdendaseins aufnimmt, prägt es für sein ganzes Leben. Das war beim Kind der Krippe nicht anders. Es war nur für wenige Tage der Mittelpunkt von Freude und Frieden, dann begann für es ein ganz anderes Leben. Und damit fing das an, was bis zum letzten Tag gültig sein wird. Das kam so in sein Herz:

Als die Weisen aus dem Morgenland hinweggezogen waren, siehe, da erscheint ein Engel des Herrn dem Joseph im Traum und sagt: Steh auf, nimm das Kindlein und seine Mutter mit dir und fliehe nach Ägypten und bleibe dort, bis ich es dir sage; denn Herodes will das Kindlein aufsuchen, um es umzubringen. Da stand er auf, nahm des Nachts das Kindlein und seine Mutter mit sich und zog hinweg nach Ägypten. Und am Anfang des Weges war ihnen, als würden sie heimlich von vielen Engeln begleitet und beschützt. Seltsame Dinge geschahen: Räuber, die sie umschlichen, entfernten sich plötzlich, Dattelpalmen neigten sich, um ihnen von ihren Früchten zu geben, Quellen brachen in der Wüste auf, sooft es sie dürstete. Je näher sie aber der ägyptischen Grenze kamen, desto weniger ereignete sich, es war, als ob die Engel zurückblieben und sie allein ihres Weges ziehen müßten.

Es dauerte nicht lange, da stießen sie auf Leute, die von Ägypten her kamen. Die schauten sie erstaunt an und fragten sie: »Wißt ihr denn nicht, daß die Ägypter ihre Grenzen bewachen und niemanden mehr in ihr Land einlassen? Sie sagen, ihre Fleischtöpfe seien fast leer und sie vermöchten keine Fremden mehr mitzuernähren.«

Während Joseph erschrocken zusammenfuhr, entgegnete Maria: »Umso eher werden sie mit uns teilen.« Die andern lachten und sagten: »Du hast zwar ein Kind, aber du bist selber noch eins, daß du so redest. Wenn Menschen weniger haben, teilen sie umso weniger.« Maria aber beharrte darauf: »Nein, wenn Menschen weniger haben, teilen sie umso mehr!« Die andern schüttelten den Kopf, grüßten und gingen ihre Straße. Auch sie zogen weiter und mit ihnen schwere Sorgen.

»Vielleicht ist Ägypten doch nicht das richtige Ziel«, sagte Joseph nach langem Schweigen. »Sind unsere Väter nicht vor langer Zeit von dort geflüchtet, und haben die Propheten nicht immer davor gewarnt, dort Hilfe zu suchen?«

»Aber der Engel, der dir erschienen ist, hat doch von Ägypten gesprochen«, gab Maria zu bedenken. »Gewiß, aber vielleicht war es gar kein richtiger Engel«, erwiderte Joseph. Maria lächelte und sagte: »Dann war es wohl auch kein richtiger Engel, der dir erschien, als du mich verlassen wolltest, und der dir befahl, mich zu dir zu nehmen?« – »Doch, doch, das war ein richtiger«, protestierte Joseph, »aber ein Engel, der zur Heimat führt, ist etwas anderes als einer, der in die Fremde führt. Ich kann es nicht begreifen.« Maria antwortete: »Hat es dein Urahn Joseph begriffen, als er von seinen Brüdern verkauft und nach Ägypten verschleppt wurde? Und doch ist etwas Gutes daraus geworden.«

Einige Tage später standen sie am Grenzfluß. So lange sie auch warteten und beteten – die Wasser teilten sich nicht, und sie mußten nach Norden ausweichen. Aber dort gerieten sie in eine Menge von Leuten, die wie sie einen Eingang suchten und von Grenzsoldaten abgewiesen wurden. Eines Abends machten sich in der Dämmerung zwei Männer an Joseph heran und flüsterten ihm zu: »Hast du Geld? Wenn du bezahlst, können wir euch hinüberführen. Wir kennen eine Stelle, die nicht bewacht wird. Wir haben schon viele hinübergebracht.« Joseph dachte an das Gold der Weisen aus dem Morgenland und nickte arglos. Die Männer legten den Preis fest, Joseph zeigte ihnen die verlangte Summe vor und zog mit ihnen los. Im geheimen aber steckte er Maria einen Rest des Goldes zu, den sie bei sich verbarg.

Nach vielen Umwegen gelangten sie gegen Morgen in das Innere des Landes. Als Joseph den beiden die vereinbarte Summe entgegenstreckte, drängten sie ihn, schlugen ihn bewußtlos, raubten ihm, was er an Goldstücken noch bei sich trug, und machten sich davon. Vor Schrecken und aus Angst, entdeckt zu werden, wagte Maria nicht zu schreien. Weinend untersuchte sie ihren Mann und salbte die Striemen an seinem Leib mit Myrrhensalbe, die ihr die Weisen aus dem Morgenland geschenkt hatten. Dann gab sie ihrem Kind zu trinken und wartete, bis Joseph zu sich kam. Er stöhnte und schrie: »Verflucht sei dieses Land, das uns so hart und böse empfängt und das Elend hilfloser Menschen ausnützt!« Maria ließ ihn schreien, dann streichelte und besänftigte sie ihn: »Lege keinen Fluch auf dieses Land! Du legst ihn nur auf dein eigenes Herz und schiebst ihn als Mauer zwischen dich und Menschen, die du noch nicht kennst. Die Böses tun, stehen schon unter dem Fluch des Bösen und können nicht anders; die Gutes tun, stehen unter dem Segen des Guten. Gott aber ist beiden gleich nahe.«

»Nahe, sagst du?« begehrte Joseph auf, »sag doch eher: Er ist allen gleich fern! Wo war er denn, als ich überfallen wurde, und wo ist er jetzt?« Er jammerte so laut, daß das Kind davon erwachte. Maria drückte es eng an sich und antwortete: »Vielleicht ist Gott gar nicht da, wo wir ihn vermuten. Vielleicht irrt er wie wir elend und hilflos durch die Welt und will am eigenen Leib erfahren, was es auf sich hat, Mensch zu sein. Und wir können nicht anders, als ihm freundlich gesinnt zu bleiben, bis er uns irgendwo begegnet.« Joseph schaute sie nur ungläubig an, dann begann er zu blinzeln, weil es hinter Maria und dem Kind plötzlich hell wurde und die Sonne aufging.

Gegen Abend kamen sie zu einem kleinen armseligen Dorf. Am Eingang standen Leute, die sie schon lange hatten kommen sehen. Drohend rückten sie zusammen und schauten sie mißtrauisch an. »Was wollt ihr hier?« fragte der Dorfälteste. Joseph antwortete: »Wir sind arme Flüchtlinge aus Judäa. Unser Leben ist in Gefahr. Wir suchen nur einen Winkel, in dem wir bleiben können.« Der Älteste fragte mürrisch: »Warum kommt ihr denn gerade zu uns? Ihr seht doch selbst, daß es uns nicht gut geht.« Joseph erwiderte: »Mir erschien im Traum ein Engel Gottes und befahl mir, mit dem Kind nach Ägypten zu fliehen, weil es sonst umgebracht würde. Auf der Flucht stießen wir auf euer Dorf.« Der Alte spottete: »Ach so, du hast geträumt, und wir sollen nun deinen Wunschtraum erfüllen. Was hast du dir denn bei uns ausgeträumt? Ist ein Palast gefällig, oder genügt auch ein gewöhnlicher Bauernhof? Sieh dich nur um, was zu Diensten steht!«

Während alle Umstehenden noch höhnten, drängte sich eine Frau nach vorn, trat zu Maria und sagte: »Seht ihr denn nicht, daß diese Frau vor Müdigkeit kaum noch stehen kann?« Sie nahm ihr das Kind ab und führte die beiden in ihre Hütte, ohne auf den Widerspruch der übrigen zu achten. Während sie zuhörte, was Joseph erzählte, wickelte sie das Kind aus. Sie schaute es lange an, sprach leise zu ihm, betastete und streichelte es am ganzen Leib und roch an ihm. Sie murmelte vor sich hin: »Du bist ein gutes Kind«, wickelte es wieder ein und legte es Maria an die Brust. Sie wiederholte: »Es ist ein gutes Kind. Sei ihm eine gute Mutter.« Sie trat vor die Tür, wo die Leute noch warteten, und teilte ihnen mit: »Ich habe euren Frauen bei der Geburt geholfen und eure Kinder zur Welt gebracht. Dieses fremde Kind steht mitsamt seinen Eltern unter meinem Schutz, solange sie bei uns sind.« Die Leute murrten, aber fügten sich. Die Frau galt ihnen wie eine Mutter des Dorfes.

So blieben sie in der Hütte der Hebamme, aber es dauerte lange, bis auch das Dorf sie annahm und Joseph zu den täglichen Arbeiten heranzog. Als er eines Abends klagte: »Warum sind sie so gegen mich, wir sind doch alle gleich arm dran«, entgegnete die Hebamme: »Auch der Ärmste hat noch seinen Stolz, wenn er eine Heimat hat, und fühlt sich dem überlegen, der keine hat. Nur die Reichen können ohne Heimat leben, denn ihr Geld ist überall zuhause und willkommen. Erst wenn die Armen einander nicht mehr nach Herkunft und Heimat, sondern nach dem Herzen fragen, sind sie gleich reich und gleich arm.«

Obwohl sie allmählich in die Gemeinschaft des ägyptischen Dorfes hineinwuchsen und an allem Anteil nahmen, vergaßen sie nie, woher sie gekommen und welchen Glaubens sie waren. Im Frühjahr feierte Joseph mit Maria Passah und rüstete alles in der überlieferten Form zu, und die Hebamme saß still dabei und hörte aufmerksam zu. Joseph sprach die gewohnten Psalmworte:

»Danket dem Herrn, denn er ist freundlich,
ja, seine Güte währet ewig!
Danket dem Gott der Götter,
danket dem Herrn aller Herren,
ja, seine Güte währet ewig!
Der die Himmel mit Weisheit geschaffen
und die Erde auf Wasser gegründet hat,
ja, seine Güte währet ewig!«

Maria wiederholte den Refrain. Als er aber zu den Sätzen kam:

»Der die Erstgeburt schlug in Ägypten
und Pharao samt seinem Heer ins Meer trieb«,

da stockte er und schaute verlegen auf Maria und die ägyptische Hebamme. Maria fiel ihm kühn ins Wort und fuhr fort und sprach:

»Der Joseph zum Segen für Ägypten machte,
ja, seine Güte währet ewig!
Der allen Menschen Freiheit gibt
und alle Völker zusammenleben läßt,
ja, seine Güte währet ewig!«

Joseph vollendete mit bleichen Lippen den Psalm. Maria aber nahm den Weihrauch, den ihr die Weisen aus dem Morgenland geschenkt hatten, und erfüllte die Hütte mit Wohlgeruch.

Beim Einschlafen warf Joseph seiner Frau vor, daß sie gegen Sitte und frommen Brauch verstoßen und die heiligen Worte verletzt und verändert habe. Maria entgegnete unbekümmert, aber eindringlich: »Ich habe an die ägyptischen Mütter und Frauen gedacht, die damals ihre Knäblein und Söhne und Männer verloren haben, und an die Menschen, die uns hier aufgenommen haben. Wer weiß, ob nicht schon unser Sohn in eine Zeit hineinwächst, in der von Gott nicht mehr alte, sondern neue Geschichten erzählt werden. Und es werden nicht mehr Geschichten gegen die Menschen, sondern für sie sein.« Dann lächelte sie und fügte bei: »Übrigens kam dein Name auch drin vor. Der steht vielleicht auch einmal für eine neue Geschichte von Männern.« Joseph aber konnte lange nicht einschlafen.

Im Sommer darauf kam eine große Dürre über die Gegend und legte alle Wasserläufe trocken. Tiere und Menschen litten unter der Trockenheit und suchten umsonst nach Wasser. Da nahm Maria die letzten Goldstücke, die sie noch immer aufbewahrt hatte, gab sie Joseph und sagte: »Geh zum Dorfältesten und gib sie ihm, damit er alle Männer aufbietet, um nach Wasser zu graben und einen Brunnen zu bauen!« So geschah es. Der Älteste ließ Wasser und Lebensmittel aus andern Gegenden herbeitragen, und die Männer begannen zu graben, bis sie auf Wasser stießen. Das ganze Dorf sang und tanzte, als der Brunnen eingeweiht wurde. Die Leute wollten ihn aus Dankbarkeit Marienbrunnen nennen. Doch sie wehrte ab und sagte: »Nennt ihn nicht nach mir! Viele haben ihn gebaut. Morgenländische Weise gaben mir das Gold, als Juden sind wir zu euch gekommen, und ihr habt uns in eurem ägyptischen Dorf aufgenommen. Viele werden nach uns kommen und davon trinken. Alle schöpfen Leben aus derselben Quelle und trinken vom selben Brunnen. Nennt ihn Brunnen der versöhnten Völker und laßt ihn nie verfallen.«

So wurde er genannt und von allen benützt. Wenn Maria Wasser holte, nahm sie ihr Kind mit sich und ließ es seine kleinen Finger um das Seil legen, so daß es ihr helfen konnte, das Wasser aus der Tiefe zu schöpfen.

Als aber Herodes gestorben war, siehe, da erscheint ein Engel des Herrn dem Joseph in Ägypten im Traum und sagt: Steh auf, nimm das Kindlein und seine Mutter mit dir und ziehe in das Land Israels, denn die, welche dem Kindlein nach dem Leben trachteten, sind gestorben. Maria ging nur ungern fort und mußte von Joseph zum Aufbruch gedrängt werden. Er fragte unwillig: »Hast du das Land, das Gott unsern Vätern verheißen und gegeben hat, vergessen?« Maria antwortete: »Gewiß nicht, aber ich glaube, daß die Verheißungen und Segnungen Gottes nicht mehr Ländern und Völkern gelten, sondern allen Menschen, die zueinander gut sind.« Als sie sich endlich fügte, wurde sie von allen unter vielen Tränen und Segenswünschen verabschiedet.

Sooft Maria später in ihrem Heimatdorf Nazareth gefragt wurde, wie es ihnen im fremden Land ergangen sei, erzählte sie von guten Menschen in Ägypten und schloß jede Erzählung mit dem einen und selben Satz: »Wir waren fremd, und sie haben uns beherbergt.« Und ihr Sohn hörte mit großen Augen zu und behielt ihre Worte in seinem Herzen.

So begann, was bis zum letzten Tag gültig sein wird.

Das Versöhnungskind

Unter den Leuten von Bethlehem, die vor der Hütte des Neugeborenen darauf warteten, eingelassen zu werden, entstand plötzlich eine Bewegung, als ein Mädchen auf sie zutrat. Halb freundlich und halb scheu wurde sein Name geflüstert: »Seht, da kommt das Versöhnungskind!« Und wie von selbst bildete sich eine Gasse, um ihm den Vortritt zu lassen. Alle kannten und liebten das Mädchen. Mit gewöhnlichem Namen hieß es Salome, aber so wurde es nie gerufen. Alle nannten es nur das Versöhnungskind, und das war so gekommen.

Lange vor seiner Geburt hatten sich die Eltern entzweit. Keines von beiden wußte recht, wie es dazu gekommen war. Der Mann wurde wortkarg und arbeitete immer mehr, die Frau zog sich in sich zurück und wurde traurig und schweigsam. Sie hatten zwei Kinder, die in dieser Luft zu welken begannen. Die Frau erwog im stillen, ob sie mit ihnen zu ihren Eltern zurückgehen sollte. In ihrer Not wandte sie sich an eine alte Frau im Dorf, die von allen für weise gehalten wurde. Die gab ihr den Rat, ein drittes Kind zu haben, und sagte: »Manchmal hält der Leib zusammen, was die Seele auseinanderdrängt. Die Stimme des Blutes ist oft stärker als die der Gefühle. Eure Liebe ist nicht ganz erloschen, ein gemeinsames Kind kann sie wieder entfachen. Es wird euch versöhnen. Gehe zu deinem Mann und umarme ihn!«

Die Frau befolgte den Rat der Alten, weil sie ihr vertraute und weil sie sich enger ihrem Mann anschließen wollte, und empfing ein Kind. Schon während sie es erwartete, freute sich der Mann mit ihr und den Geschwistern, und ihr Zusammenleben wurde herzlicher. Die Mutter konnte ihr Glück nicht für sich behalten, und bald wußten auch die Leute im Dorf, was das werdende Kind zustande gebracht hatte. Als dann ein Mädchen zur Welt kam, wurde es Salome genannt. Alle freuten sich nicht nur an ihm und seinem Namen, sondern waren auch stolz darauf. Er belebte die Erinnerung an den König David, der aus ihrem Dorf stammte und seinem berühmten und auf Frieden bedachten Sohn den Namen Salomo gegeben hatte. Und war damals jenes Kind nicht auch nach einer bösen Geschichte ein Zeichen der Versöhnung zwischen Gott und David gewesen? Alle wünschten dem Mädchen Salome, daß es nicht nur den Eltern, sondern vielen Versöhnung und Frieden bringen möchte.

Diese Wünsche schienen wirklich in Erfüllung zu gehen. Das kleine Mädchen schenkte der Familie Glück und Freude. Stets war es gut gelaunt und friedlich und gab, als es größer wurde und mit den Geschwistern und den Nachbarkindern spielte, niemals Anlaß zu allerlei kindlichen Händeln und Streitigkeiten. Im Gegenteil, sooft sich ein Streit erheben wollte, fing es an zu singen und zu lachen und brachte die andern dazu, es auch so zu halten. Es entwickelte ein feines Empfinden dafür, was in der Luft lag, und löste es auf, bevor es eine böse Gestalt annehmen konnte. Auch wenn es zwischen den Eltern wieder zu Unstimmigkeiten kam, stellte es sich zwischen sie, streichelte beide und fügte ihre Hände zusammen. »Du bist wirklich ein Versöhnungskind!« sagte die Mutter oft. Mit der Zeit blieb dieses Wort als Name am Mädchen haften, und es wurde zu Hause und im Dorf nur noch so gerufen. Es blieb auch nicht nur beim Namen. Je älter es wurde, desto häufiger wurde es geholt, wo es etwas zu schlichten und zu beschwichtigen gab. Mit einem heiteren oder einem freundlichen Wort oder mit einer gütigen Gebärde brachte es Entzweite zusammen oder beendete es einen Streit. Es strahlte eine Kraft der Unschuld aus, der sich niemand entziehen konnte. Jeder gewöhnte sich daran, daß jemand da war, der für alle den Frieden besorgte. Es selber schien sich dabei glücklich zu fühlen.

Es wurde älter und größer und war kein Kind mehr. Aber niemand erkannte es, es blieb für alle das Versöhnungskind. Niemand merkte auch, daß es immer stiller und ernster wurde und von einem geheimen Kummer beseelt war, den es selber nicht begriff. Seine Augen wurden immer glänzender und seine Gestalt zarter, so daß es wie eine schwere Blüte auf einem zu schmalen Stengel auszusehen begann. Weil es aber allen stets ein freundliches Lächeln schenkte und mit seiner Kraft weiter wirkte, fiel es niemandem auf.

Nur einer war da, der dafür ein Auge hatte. Das war ein Bursche aus dem Nachbardorf, ein kräftiger junger Mann namens Gideon.

Er hatte es kennengelernt, als es zu Verwandten kam, um in der Familie etwas zu schlichten. Was das Mädchen tat, hatte er längst gehört. Endlich sah er es auch und spürte, daß es mehr war, als was es tat und was die andern von ihm erhofften und begehrten. Das Mädchen gefiel ihm, und er fing an um es zu werden. Das war für es neu, daß es nicht nur ein Kind, sondern eine junge Frau sein sollte, und es empfand seltsame, unbekannte Gefühle. Der Bursche gefiel ihm auch. Dennoch schreckte es jäh zurück. »Nein«, sagte es zu sich selbst, »ich bin nicht für das gewöhnliche Glück von Mann und Frau geschaffen. Ich habe einen Auftrag, und dem muß ich treu bleiben. Er ist größer als der Wunsch, ein friedliches Heim zu führen und für mich glücklich zu sein. Ich bin für die Versöhnung entstanden und muß mich für die Versöhnung vieler freihalten.« Es sagte diese Gedanken auch Gideon, als er weiter um sie warb, und wies ihn ab. Es ging seinen eigenen, einsamen Weg weiter und verbarg tief in sich, was es nicht wahrhaben wollte.

Das Mädchen wurde immer feiner und zerbrechlicher, so daß es auch den Leuten auffiel und sie zu flüstern begannen: »Das Versöhnungskind wird bald bei den Engeln sein. Solche Menschen sind für diese Welt zu zart.« Und sie nahmen seine Dienste weiter in Anspruch, sooft es nötig war und solange es noch unter ihnen war. Sie behandelten es mit Freundlichkeit und Scheu wie ein Wesen aus einer andern Welt.

So taten sie auch, als es in jener Nacht vor das Haus des neugeborenen Kindes trat. Sie wichen zurück, damit es als erstes mit der nächsten Gruppe hineingehen könnte. Als die ersten Besucher die Hütte verließen, ging es mit einigen andern hinein. Sie wollten es zuerst an die Krippe herantreten lassen, aber es schüttelte den Kopf und blieb bei der Tür stehen. Nach seiner Gewohnheit sammelte es mit der Kraft der Seele die Eindrücke des Raumes. Aber während es sonst nur leicht zu schnuppern brauchte, um zu spüren, was vorging, mußte es hier tief einatmen. »Das ist nicht nur friedlich«, sagte es zu sich, »das ist der Friede. Hier muß ich nichts geben, hier kann ich nur empfangen.« Es blickte staunend auf die Eltern und das Kind. Jedes der drei war in sich gefestigt und gehörte doch zu den andern. In der Luft schwebte ein seltsames Hin und Her, und doch war alles von einer großen Ruhe gehalten. Mit einem tiefen Seufzer vor diesem Geheimnis der Gemeinschaft kniete das Mädchen an der Krippe nieder und schaute lange das Kind an. Seine

Augen und seine Stirn strahlten eine Ruhe aus, die alles umfing. Und auf einmal erkannte das Mädchen alles, was bisher in ihm geschlummert hatte, und breitete es vor dem Kind aus und sprach: »O Kind, du bist, was ich nicht bin, aber immer sein mußte. Du bist kein Versöhnungskind, du bist das Kind, das die Versöhnung bringt. Sie wurde dir nicht von menschlichem Wunsch und Willen auferlegt, damit ein anderer für sie tue, was sie selber nicht tun. Du bist es aus eigenem Willen und kommst aus deinem Eigenen, dem Reich des Friedens. Vergib mir, ich habe mich überhoben und übernommen. Ich war für die Menschen nur ein Fahrzeug, das sie benützten, um nicht selber Schritte machen zu müssen. Ich klage sie nicht an, ich habe mich dazu benützen lassen. Ich klage es nur dir. Denn du allein kennst das Geheimnis, Menschen so zu bewegen, daß sie selber ihre Hände und Füße in Bewegung setzen. O Kind, es ist schwer, aber ich weiß, du vermagst es. Und selbst wenn du an der Härte und Trägheit der menschlichen Herzen zerbrichst, wird die Kraft deiner Versöhnung nicht zerbrechen. Auch ich will tun, was zu tun ist. Denn du bist da, und dein Friede wird mich begleiten. Leb wohl, Kind Gottes, du Versöhner!«

Dann stand das Mädchen auf, grüßte die Eltern des Kindes und ging hinaus. Draußen wurde es von den Leuten, die immer noch warteten, umringt und gefragt: »Versöhnungskind, sag, wie sieht das Kind aus?« Es antwortete: »Ich bin nicht das Versöhnungskind. Ich bin Salome. Das Kind der wahren Versöhnung liegt dort drinnen in der Krippe. Geht hinein und seht selbst!« Während alle noch über den bestimmten Klang ihrer Worte staunten, ging sie weg.

Sie kehrte nicht ins Haus ihrer Eltern zurück. Sie wanderte die letzten Stunden der Nacht, bis sie ins Nachbardorf kam, wo Gideon wohnte. Bei Tagesanbruch rief sie ihn und sagte zu ihm: »Ich komme zu dir, und ich bleibe bei dir. Meine Aufgabe ist zu Ende. Ein anderer führt sie durch, der stärker ist als ich und fähig sein wird, alles zu ertragen, was Menschen ihm auferlegen werden. Ich aber will versuchen, dir eine rechte Frau zu sein. Wir wollen miteinander auskommen. Wir werden miteinander streiten, wo es nötig ist, und uns wieder aussöhnen, wir werden miteinander lachen und weinen, wo es hilft. Auch unsere Kinder sollen miteinander streiten und sich wieder aussöhnen, miteinander lachen und weinen und so sein dürfen, wie sie eben sein werden. Wir wollen ihnen nicht auferlegen, was uns selber nicht gelingt, und von ihnen nicht erwarten, was uns fehlt. Wir wollen als fehlbare Menschen miteinander suchen, was uns weiterbringt. Wir haben den Frieden nicht in der Hand. Aber ich weiß, daß er da ist.«

Als Gideon sie nur verwundert und sprachlos anschaute, erzählte ihm Salome, was sie in dieser Nacht beim Kind in der Krippe gesehen und erkannt hatte.

Die Suche nach dem verschwundenen Kind

Maria war müde. Das Gedränge war groß, und das Geräusch von Stimmen und Schritten nahm immer mehr zu, obwohl sich alle bemühten, so leise wie möglich aufzutreten, um das Kind in der Krippe nicht zu wecken. Erschöpft schloß sie die Augen und ließ den Kopf sinken. Als Joseph sie ansah, hatte er Erbarmen mit ihr. Er trat den Leuten entgegen und bat sie, Mutter und Kind zu schonen und die Hütte zu verlassen. Sie verstanden es und drängten langsam zur Türe.

Plötzlich rief ein Kind, das nochmals einen Blick zur Krippe geworfen hatte: »Das Kind ist weg! Es ist verschwunden!« Alle drehten sich um und sahen, die Krippe war leer. Maria erwachte und schaute verwirrt dahin, wo eben noch das Kind gelegen hatte. Joseph erschrak und alle Leute mit ihm. Jeder schaute seinen Nachbarn an, wie um zu sehen, ob er das Kind an sich genommen habe. Joseph griff in das Stroh und hob es auf. Es war noch warm, aber es verbarg kein Kind. Er schob den Kopf des Ochsen, dessen warmer Atem das Kind eben noch angehaucht hatte, zur Seite und griff neben und unter das Tier, dann neben und unter den Esel, aber stieß nur ins Leere. Alle suchten in allen Winkeln und Nischen der Hütte. Umsonst, das Kind war und blieb verschwunden. Jemand rief entsetzt: »Das Kind ist gestohlen worden!« Es war nicht anders möglich, aber wie und von wem? Alle waren dabeigewesen, und keiner hatte etwas gesehen. Es konnte doch nicht von Unsichtbaren weggetragen worden sein.

Einer klopfte mit der Faust die Wand hinter der Krippe ab und stieß auf ein loses Brett. Kein Zweifel, da war jemand eingedrungen und hatte das Kind geraubt. »Wir müssen ihm nach. Er kann noch nicht weit gekommen sein! Kommt alle, wir müssen ihn fangen!« Sie liefen hinaus und verteilten sich mit denen, die vor der Hütte warteten, in alle Richtungen.

Nur einige Frauen blieben bei Maria zurück. Sie fühlten, wie ihr zumute war, und wollten ihr nahe sein, auch wenn sie sie nicht zu trösten wagten. Etliche von ihnen hatten auch schon bald nach der Geburt ein Kind verloren und spürten, wie die alte Wunde jetzt wieder aufbrach. Sie umgaben sie, während sie schwach und wie ohnmächtig in den Armen Josephs lag. Zurückgeblieben war auch ein junger Hirte. Er war still in sich gekehrt und galt im Dorf als verträumt und weltfremd, weil er oft Dinge sagte, die niemand sehen und verstehen konnte. Während sich die Frauen um Maria bemühten, murmelte er vor sich hin: »Gott hat das Kind zu sich zurückgenommen. Es war zu gut für diese Welt. Er hat es uns nur eine kurze Zeit gezeigt, damit wir sehen können, wie wir sein sollten.« Aber er hütete sich, diesen seltsamen Trost laut zu sagen.

Unterdessen waren die Leute, die das Kind suchten, durch das ganze Dorf geschwärmt. Es war dunkel, und nirgends war eine Spur zu erkennen. Nur am Rand der Siedlung leuchtete ein einsames Licht. Ein paar Männer gingen ihm entgegen und standen vor der armseligen Hütte eines Tagelöhners, der dort mit seiner Frau wohnte. Niemand erinnerte sich, eines von beiden in dieser Nacht bei der Krippe gesehen zu haben. Sie klopften an. Der Mann kam heraus, erkannte sie und sagte freudestrahlend: »Ihr wollt sicher unser Kind sehen. Meine Frau hat heute nacht ein Kind geboren. Seid willkommen und feiert mit uns!« Er streckte die Hand aus, aber keiner ergriff sie. Sie drängten sich rasch und grußlos an ihm vorbei und hinein und überrannten beinahe die Frau und das Kind. »Da ist es! Wir haben es gefunden! Du Dieb, du elender Kindesräuber!« riefen sie und packten den Mann.

»Was ist?« rief die Frau und preßte das Kind an die Brust.

»Das fragst du uns?« schrien die Männer und griffen nach dem Kind.

»Her mit dem Kind, er gehört dir nicht. Dein Mann hat es seiner rechten Mutter weggenommen, und ihr wollt es jetzt als euer eigenes ausgeben. Wir suchen es schon die ganze Nacht, und ihr spielt die Unschuldigen!«

»Es ist unser Kind!« beteuerten beide entsetzt. Der Mann wehrte sich mit Händen und Füßen, sie hielten ihn fest und schleppten ihn hinaus. Zwei andere lösten grob die Arme der Frau, die sich vor Schwäche und Elend nicht wehren konnte, rissen das Kind an sich und stürzten in die Nacht hinaus. Die Frau sank verzweifelt und schreiend zu Boden. »Wir haben es gefunden!« erscholl der Ruf der Männer durch das nächtliche Dorf und wurde bald auch in der Hütte vernommen. Die Männer wurden im Triumph empfangen, bis man auch den gefangenen Tagelöhner erkannte. Alle empörten sich über ihn und zeigten ihm ihre Verachtung. »Wer hätte das von ihnen gedacht! Daß sie arm sind und von der Hand in den Mund leben, das wissen wir. Aber daß sie ein Kind stehlen würden, hätten wir ihnen doch nicht zugetraut!«

Die Männer traten stolz hinein und legten Maria das Kind in den Schoß, führten den Mann vor und berichteten, was sie entdeckt hatten. Maria hielt das Kind an ihr Herz, küßte es, schaute es wieder an und sagte: »Laßt den Mann frei, er ist unschuldig. Das Kind gehört ihm und seiner Frau. Es ist nicht mein Kind. Die arme Mutter, was habt ihr ihr angetan! Nur weil sie arm sind und sich nicht wehren können, habt ihr sie verdächtigt. Hat denn niemand von euch Männern gewußt, daß sie ein Kind erwartet?«

Sie legte dem Vater das Kind in die Arme und bat ihn: »Sage deiner Frau, daß es mir weh tut. Sie ist eine Mutter wie ich und liebt ihr Kind wie ich das meine. Sie leidet um das weggenommene Kind wie ich um mein verschwundenes. Ihr Schmerz ist mein Schmerz.« Während sie so sprach und ihm das Kind zurechtbettete, sah sie die dünnen Tücher, die um es hingen. Sie griff nach einigen Tüchern und Wollsachen, die sie geschenkt bekommen hatte, gab sie dem Vater und sagte: »Eure Tochter möge so warm in die Tücher unseres Kindes eingehüllt sein wie in den Segen Gottes. Vergib uns, daß wir euch so gequält haben. Nun geh und tröste deine arme Frau.« Der Vater verließ die Hütte, ein paar Nachbarinnen folgten ihm. Die Männer, die ihn verdächtigt hatten, stahlen sich davon. Auch die Leute, die in der Hütte blieben, waren still und schämten sich.

Nur der in sich gekehrte junge Hirte murmelte vor sich hin: »Ihr sucht das Kind immer am falschen Ort. Es ist nirgends draußen. Es ist in mir, ich spüre es, und es will auch in euer Herz kommen. Wenn ihr es nicht in euch spürt, ist es umsonst gekommen und verschwunden. Es sucht euch.« Die es hörten, empörten sich und sahen, daß sein Blick wie der einer werdenden Mutter nach innen gekehrt war und lauschte. Fragend schauten sie Maria an, sie aber sagte nichts.

Eine Gruppe von anderen Männern hatte sich inzwischen weit vom Dorf entfernt und leuchtete mit Fackeln hinter Gebüsche und Steinhaufen und zwischen die einsamen Herden, bis sie an die Grenze geriet, wo die Felder aufhörten und die Höhlen anfingen. Plötzlich hörten sie aus einer der Höhlen das schwache Wimmern eines Kindes. Sie gingen ihm nach und stießen auf Menschen, die tief zu schlafen schienen. Sie leuchteten ihnen ins Gesicht und sahen, wie ausgemergelt sie waren. Neben einem Mann lagen drei Kinder ausgestreckt, zwei von ihnen lagen da mit offenen, starren Augen. Sie waren tot. An der Brust der Frau hing der wimmernde Säugling, der umsonst versucht hatte, bei der Mutter zu trinken.

»Das sind sie nicht«, flüsterten die Männer einander zu, »das sind Fremde, die vor einer Hungersnot geflohen und hier zusammengebrochen sind. Die Armen sind ja ganz erschöpft. Laßt sie in Ruhe, die sind ungefährlich.«

»In Ruhe lassen? Das bedeutet für alle den Tod!« widersprach einer, »wir müssen sie mitnehmen und retten.« Er beugte sich über die Eltern und lauschte auf ihren Atem. »Sie leben noch. Aber wir müssen ihnen rasch helfen.«

»Aber das ist nicht das Kind, das wir suchen!« wandte ein anderer ein. »Seinetwegen sind wir unterwegs, nicht um fremde Leute aufzulesen. Wenn wir das Kind der Maria gefunden haben, können wir noch immer hierher zurückkommen und sehen, was zu machen ist.«

»Nein«, widersprach der erste, »die, die wir hier gefunden haben, sind auch verloren, und es dürfen nicht noch mehr von ihnen sterben. Tragt die Mutter und die zwei Kinder ins Dorf. Ich wache hier beim Vater und schütze die Toten vor den Tieren. Dann schickt mir ein paar Männer. Sie sollen auch etwas zu essen und zu trinken mitbringen.«

Sie fügten sich und trugen die Mutter und die Kinder ins Dorf. Als sie mit ihrer traurigen Last zur Hütte kamen, wurden sie sofort umringt. »Habt ihr es gefunden?«

»Nicht, was ihr meint«, erwiderten sie, »aber etwas anderes, das auch traurig ist.« Sie berichteten in kurzen Worten, was sie gesehen hatten, und baten einige Männer, auszuführen, was noch nötig war. Dann gingen sie hinein, wo man sie schon gehört hatte. Maria streckte die Arme aus und setzte den Säugling an ihre Brust, die Frauen bemühten sich um Mutter und Kind, betteten und verpflegten sie.

Nachdem Maria das fremde Kind gestillt hatte, wärmte und streichelte sie es. Dann stand sie auf und legte es dem in sich gekehrten jungen Hirten in die Arme: »Halte es gut und wiege es in den

Schlaf.« Er schaute auf das Kind, und in seine Augen kam ein sehender, natürlicher Glanz. Er spürte, wie die Wärme des Kindes in seinen Leib eindrang und von da in sein Herz, das von einer unbekannten Freude erfüllt wurde.

Als sich die Männer mit dem Vater und den verhungerten Kindern dem Dorf näherten, wurden sie im Morgengrauen von einem Wanderer eingeholt, der erst jetzt von seinen Geschäften nachhause kam und von allem, was in dieser Nacht geschehen war, nichts wußte. Er gehörte zu den wohlhabenderen Bewohnern des Dorfes. Er war oft in Geschäften unterwegs, nicht nur, weil er noch reicher werden wollte, sondern weil ihm zuhause etwas fehlte. Als er vernahm, was geschehen war, fuhr er zusammen. Er verabschiedete sich schnell und ging mit großen Schritten und einer schlimmen Ahnung im Herzen davon. Er litt seit langem darunter, daß seine Frau kein Kind geboren hatte. Er wünschte sich einen Sohn, der seinen Namen weitertragen, und einen Erben, der seinen Besitz vermehren sollte. Es beleidigte seinen Stolz und seine Kraft, wenn er sah, wer alles Kinder hatte, und sooft er auf seinen Reisen andere Frauen sah, kam er auf viele Gedanken. Ob auch seine Frau darunter litt, darüber dachte er nicht nach, es war Frauensache, Kinder zu bekommen.

Zuhause brannte noch eine Lampe. Er öffnete die Türe und sah seine Frau mit einem Kind daliegen. Sie lächelte ihn glücklich an und sagte: »Wir haben ein Kind bekommen. Einen Sohn. Er heißt Ruben. Sieh nur, wie schön er ist!« Er antwortete heftig: »Du hast das Kind einer andern Mutter weggenommen. Ich weiß schon alles. Wie konntest du mir das nur antun!« – »Nichts weißt du«, erwiderte die Frau sanft, »ich habe das Kind niemandem weggenommen. Ich bekam es im Schlaf. Als ich mitten in der Nacht erwachte, lag es still in meinen Armen. Ein Engel hat es mir gebracht. Gott hat mein Seufzen gehört, meine Tränen gesehen und mich erlöst. Er hat mir ein Kind gegeben. Freue dich mit mir, wir haben einen Sohn! Du hast doch auch darauf gewartet.«

»Wie kann ich mich freuen, wenn ich doch weiß, daß das ganze Dorf ein Kind sucht, das plötzlich verschwunden und seiner Mutter weggenommen worden ist? Dies hier ist das Kind! Gib es mir, ich bringe es zurück.« Er erzählte ihr, was er vernommen hatte, und sie erschrak. »Davon habe ich nichts gewußt. Aber ich habe auch nichts dazu getan. Ich habe das Kind im Schlaf bekommen. Es ist so, wie ich dir gesagt habe.« Der Mann antwortete: »Wenn ich das Kind zurückbringe, stellt es sich heraus, wem es gehört. Gib es mir nun, seine Mutter soll nicht länger um es leiden.«

»Was weißt du denn, was eine Frau leidet, ob sie ein Kind hat oder nicht?« sagte die Frau leise und stand mit dem Kind auf. »Ich will es ihr selber übergeben und erzählen, was mir widerfahren ist.«

So geschah es. Maria nahm das Kind entgegen, erkannte es als ihr eigenes und hörte schweigend zu. Die Frau erzählte nicht nur, was ihr in dieser Nacht widerfahren war, sondern alles, worunter sie vor Gott und Menschen, vor sich und ihrem Mann gelitten hatte. Als sie geendet hatte, legte Maria das Kind in die Krippe, dann umarmte sie die Frau und sagte: »Ich glaube dir. Es ist, wie du gesagt hast. Ich verstehe nun auch, warum mir mein Kind genommen und dir gegeben und dir genommen und mir gegeben worden ist. Es soll mir nicht so gehören, als ob es mein Besitz und mein Stolz wäre. Ich soll es für andere frei halten. Ich soll als Mutter nicht mehr sein, als was ich ihm eine Zeitlang geben kann. Und du bist als kinderlose Frau nicht weniger, als was du andern geben kannst. Wir sind soviel wert, wie wir sind und was wir einander geben. Gott hat dich in dieser Nacht und durch dieses Kind davon erlöst, anders sein zu müssen, als du bist. Er behüte deinen Ausgang und Eingang.« Sie küßten einander. Dann nahm Maria aus den Armen des jungen Mannes das Kind aus der Höhle, legte es in die Arme der Kinderlosen und sagte: »Umsorgt es und einander als Mütter und Schwestern.« Dem Mann aber legte sie die ganze übriggebliebene Familie ans Herz: »Sei ihnen Vater und Bruder, so wird dein Name Bestand haben.« Alle verließen gemeinsam die Hütte, und es wurde ruhig.

Als Maria endlich einschlafen konnte, hörte sie eine Stimme, die zu ihr sprach: »Du hast verstanden, warum es geschehen ist. Dein Kind mußte die vielerlei Gedanken aus den Herzen vieler offenbaren. Das wird es sein Leben lang tun müssen. Auch dir selbst wird ein Schwert durch die Seele dringen, wenn du es einmal ganz weggeben mußt. Aber es muß geschehen, damit es für alle da ist und die Eltern und Satten willig werden, die Gaben und Bürden des Lebens mit den Kinderlosen, den Waisen und Hungernden gemeinsam zu tragen.«

Wie die drei Weisen ihre Weisheit verloren und fanden

In einer Stadt im Morgenland lebten drei hochangesehene Männer. Sie waren beim König und beim Volk gleichermaßen beliebt und wurden die Zierde des Landes genannt. Jeder von ihnen hatte eine besondere Gabe.

Der eine war berühmt wegen seiner weisen Worte, weshalb er auch »Der Weise« genannt wurde. Wenn er zu sprechen anfing, verstummten alle und hörten ihm gebannt zu. Was er sagte, hatte Gewicht, denn es war voller Wahrheit und Leben. Es war, wie wenn er allen Dingen und Erscheinungen Sinn und Bedeutung abgelauscht und in seine Worte gefaßt hätte. Auch forschte er in den alten und neuen Schriften und suchte nach Zusammenhängen und streute sein Wissen wie Edelsteine unter die Menschen. Er hatte alles wohl durchdacht und wußte auf alle Fragen eine Antwort. Abgesandte ferner Länder kamen zu ihm, unterhielten sich mit ihm und baten ihn um Rat. Und sein Rat wurde mit Gold aufgewogen.

Der Zweite war berühmt wegen seiner Fähigkeit, in die Zukunft zu schauen. Er wurde »Der Seher« genannt. Zu ihm kam, wer eine Reise unternehmen, ein Geschäft abschließen oder eine Familie gründen wollte. Er war einst Priester gewesen und beherrschte alle Techniken der Opferschau. Er kannte die Stellung und den Einfluß der Sterne, las in den Händen der Menschen und konnte ihr Schicksal voraussagen. Viele brachten ihm Geschenke, aber er ließ sich bei seiner Schau von ihnen nicht beirren und offenbarte nur, was ihm gezeigt worden war. Wenn er stumm vor sich niederblickte, wußte jeder, der ihn fragen wollte, daß ihm das Schicksal gefährlich war. Wenn er aufblickte, wußte man, daß einem das Schicksal wohlgesinnt war.

Der Dritte war von ganz anderer Art. Ihn nannte man »Der Große«. Er kannte alle Sitten und Bräuche und wußte, wie man sich jederzeit zu verhalten hatte. An ihn wandte man sich, wenn man Zugang zum König oder zu einer wichtigen Stelle begehrte.

Er war mit allen Anreden und Titeln vertraut, kannte die Schwächen der Eitlen und Mächtigen und verstand sie für seine Dienste und Ratschläge auszunützen. Er kannte die geschriebenen Gesetze und die ungeschriebenen Spielregeln der Gesellschaft. Er äußerte sich gepflegt, war stets reich gekleidet und bewegte sich vornehm und gewichtig. Man respektierte ihn mehr, als daß man ihn liebte, denn man war auf ihn angewiesen. Viele verdankten ihm ihre Stellung und vergaßen ihn bei ihrem Erfolg nicht.

So lebten und wirkten die drei Männer in derselben Stadt und wurden von Hoch und Niedrig geehrt und bewundert. Alle schätzten sich glücklich, von ihren Fähigkeiten zehren zu können. Auch galt es als ein Zeichen besonderen Glücks, daß keiner der drei Begabten auf den andern neidisch war, vielmehr jeder sich an der Gabe des andern freute. Wenn sonst auch jeder seinen eigenen Weg ging, wurden sie doch in schwierigen Zeiten gemeinsam zum König gerufen und berieten miteinander zum besten des Landes und des Volkes.

So war und blieb es, bis der große Stern am Himmel aufleuchtete.

Der Seher sah ihn zuerst. Er war überrascht, denn er hatte ihn nicht vorausgesehen. Plötzlich war er aus der unermeßlichen Tiefe des Himmels aufgetaucht und stand da. Dem Seher wurde aber sofort klar, daß der Stern etwas Besonderes bedeutete. Uralte Weissagungen früherer Seher kamen ihm jetzt in den Sinn. Sie hatten verkündet, daß das Aufleuchten eines solchen Sternes die Geburt eines Königs anzeigen werde, welcher der Welt Heil und Frieden bringen würde. Der Seher teilte den zwei andern seine Entdekkung sofort mit, und sie beschlossen, hinzugehen und dem neugeborenen König zu huldigen. Sie ließen sich vom König Urlaub geben und machten sich nach den notwendigen Zurüstungen auf die Reise. Sie sahen verwundert, daß ihnen der Stern voranging und den Weg zeigte. So gelangten sie nach vielen Wochen nach Jerusalem. Nach einer befremdlichen Begegnung mit dem dortigen König und seinen Gelehrten zogen sie weiter dem Stern nach, bis er über dem Orte stillstand, wo das Kindlein war. Da wurden sie sehr hoch erfreut und traten auf das Haus zu. Zuvorderst ging der Große, da er am besten wußte, wie man sich einem neugeborenen König zu nähern hatte. Ihm folgten der Seher und der Weise.

Groß und breit wollte der Große die Hütte betreten. Aber die

Türe war so niedrig und schmal, daß er sich bücken und seinen prächtigen Mantel eng um sich schließen mußte, um nirgends hängen zu bleiben. Als er endlich drinnen war, schaute er verblüfft umher. In einer Krippe lag ein Kind, und hinter ihr saßen auf Tüchern am Boden, armselig angezogen, eine Frau und ein Mann. Er blickte sich nach dem Seher um, der eben hereinkam, wie um ihn zu fragen, ob sie auch am rechten Ort wären. Der aber nickte nur und half dem Weisen, hereinzukommen.

Nun standen die drei angesehenen Männer vor dem Kind und seinen Eltern, und der Große schickte sich an, sie nach königlichem Zeremoniell zu begrüßen. Er wollte sich vor der Krippe hinstellen, die Arme weit ausbreiten und die erhabenen Grußworte sprechen. Aber keines der Worte, die er sich zurechtgelegt hatte, wollte passen. Und um die Arme auszubreiten, war es nach allen Seiten zu eng, er konnte nur seine Hände vor der Brust zusammenlegen. Auch konnte er sich nicht nach dem königlichen Brauch des Morgenlandes der Länge nach vor der Krippe hinlegen. Es gelang ihm nur, ein Knie zu beugen. Dabei sah er auf einmal, daß die Decke, die auf dem Kind lag, schmal und dünn war. Plötzlich fühlte er das Gewicht seines Mantels. So schwer hatte er noch nie auf ihm gelastet. Er stand auf, zog ihn aus und legte ihn sorgfältig über die Decke. Ihm war, als ob eine große Last von ihm abgefallen wäre und er sich endlich frei bewegen könnte. Er trat zurück, und der Seher trat vor.

Er blickte nachdenklich auf das Kind. Von dessen Stirne leuchtete es, wie wenn sich der große Stern auf ihr niedergelassen hätte, so daß der Seher geblendet die Augen schloß. Als er sie wieder öffnete, sammelte er alle seine Kräfte in seinen Blick, um für das Kind in die Zukunft zu schauen. Er sah viel Licht, immer stärker werdendes Licht, alle Sterne schienen um das Kind zu kreisen. Aber auf einmal schob sich ein schwerer Schatten dazwischen und verschlang alles Licht. Ihm wurde schwarz vor Augen, aber dann wurde es wieder hell, noch heller als zuvor, mit einem Glanz, den er noch nie gesehen hatte, so daß es ihn schmerzte und er abermals die Augen schließen mußte. Hinter den geschlossenen Lidern versuchte er Bilder zu fassen, aber es gelang ihm nicht. Als er die Augen wieder öffnete, verschwamm alles vor ihm. Das Gesicht des Kindes schimmerte wie durch einen Tränenschleier tausendfach und zugleich tausendfach gebrochen. Unendlich viele menschliche Gesichter bildeten eine Wand, die dem Seher keinen Durchblick in das zukünftige Schicksal dahinter gewährte. Er hob und senkte den Kopf und verstand nichts mehr. Hilflos wich er zurück.

Der Weise trat vor. Er wunderte sich, daß bisher noch kein Wort gefallen war, und fühlte sich verpflichtet, das beängstigende Schweigen zu brechen. Als er auf die Eltern und das Kind blickte, merkte er, daß er für diese Menschen die einfachsten Worte finden müßte. Aber gerade von ihnen fiel ihm nicht eines ein. Da griff er in den Mantel und nahm eine Rolle heraus, in der er alle Weisheit der Welt und seine eigene niedergeschrieben hatte. Er streckte sie dem Vater entgegen und sprach: »In dieser Schriftrolle steht alles, was ein Mensch erkennen kann. Lest dem Knaben daraus vor, wenn er alt genug ist, um zu verstehen. Die Sätze werden ihm helfen, das Leben und die Menschen besser zu verstehen und seinen Weg zu finden. Und er wird weiser sein als viele Menschen seiner Zeit.« Der Vater nahm die Rolle und sprach: »Ich danke dir für deine Gabe. Wir können zwar nicht lesen, aber er wird es vielleicht lernen und deine Worte bewahren.« Und sorgsam legte er die Rolle neben sich auf den Boden.

Der Weise wurde verwirrt, als er die Worte hörte und seine kostbare Gabe dort liegen sah. Aber er schwieg und nickte nur leise mit dem Kopf. Dann verneigte er sich vor dem Kind und den Eltern, gab den Gefährten ein Zeichen und verließ die Hütte. Der Große sah, daß der Seher noch immer wie verzückt dastand. Er ergriff ihn an der Hand und führte ihn hinaus.

Draußen standen sie lange schweigend beieinander. Der Große begann zuerst zu reden und sagte: »Ich weiß noch immer nicht, ob es der rechte Ort war. Aber daß es das rechte Kind ist, weiß ich bestimmt. Es hat mich ganz glücklich gemacht.« Dabei lachte er und tat einige Schritte, wie wenn er tanzen wollte. Der Seher flüsterte vor sich hin: »Licht, Schatten, Licht, Menschen, Menschen – ich sehe nicht dahinter, ich kann´s nicht fassen!« Der Weise stand daneben und schwieg. Endlich öffnete er den Mund und wollte etwas sagen. Aber statt der Worte kamen nur einige heisere Laute heraus. Der Große erschrak, berührte seine Hand und verstand plötzlich, was mit ihm geschehen war. Dann sagte er zum Seher: »Wir müssen so schnell als möglich nach Hause. Führe uns auf dem Weg zurück. Es ist dunkel, und ich kann den Stern nicht sehen.« Der Seher antwortete: »Du kannst den Stern nicht sehen? Er ist beim Kind. Aber meine Augen sind auch dort geblieben. Ich kann nicht mehr sehen.« Betroffen schauten seine Gefährten einander an. Sie nahmen ihn in die Mitte und gingen miteinander in die Nacht hinein.

Sie zogen auf einem andern Weg in ihr Land zurück. Sie mieden die Städte und großen Straßen und wanderten meistens in der Nacht. Sie brauchten viel Zeit, um zu bedenken, was sie erlebt hatte.

Kaum waren sie in der Stadt angekommen, wurden sie zum König geführt, um über den neugeborenen König Bericht zu erstatten. Jeder, der sie in der Stadt und am Hof sah, verwunderte sich über ihre Aufmachung, am meisten jedoch über das schlichte Gebaren des Großen, der den Seher an der Hand hielt, wie wenn er ein Kind wäre, und dabei selber wie ein Kind wirkte. Nachdem sie sich vor dem König kurz verneigt hatten, bat der König den Weisen um Auskunft über das Kind. Der aber zuckte hilflos mit den Schultern und schwieg. Da wandte sich der König an den Seher und fragte ihn, was er vorausgesehen habe. Der Seher antwortete: »Licht, viel Licht mitten in der größten Finsternis und Menschen, viele Menschen in seinem Gesicht. Mehr konnte ich nicht sehen.«

Der König schaute befremdet auf den Großen, der lächelnd dastand und herumblickte, als ob ihm nichts ernst und ehrwürdig wäre, und fragte ihn, was mit ihnen geschehen sei. Da erzählte er, was sie beim Kind in der Krippe erlebt und dabei gefunden und verloren hatten. Der König entgegnete unwillig: »Der Stern hat euch in die Irre geführt. Eure Reise zu diesem Krippenkönig hat allen nur Schaden gebracht. Ihr seid kindisch, blind und stumm geworden. Geht, ich kann euch in meinem Dienst nicht mehr brauchen!« Da verließen sie den Hof und gingen, jeder an seinen Ort.

Bald wußte jeder in der Stadt, was geschehen war. Die einen empfanden Mitleid mit den Gestürzten, andere spotteten über sie. Es ging nicht lange, und sie wurden nach den Worten des Königs »Der Stumme«, »Der Blinde« und »Der Kindische« genannt. Alle klugen und vornehmen Leute mieden sie und kannten sie nicht mehr, wenn sie ihnen zufällig begegneten.

Aber nach einiger Zeit merkten die Menschen, die in ihrer Nähe lebten, daß um sie etwas Neues war. Der Stumme hatte für jeden Zeit, der zu ihm kam. Er verbreitete Ruhe um sich, und wer bei ihm war, spürte sie und wurde bald selber von ihr umfangen. Ihm konnte man alles anvertrauen und wußte es bei ihm gut aufgehoben. Sein stilles Zuhören und leises Verstehen vermochten, daß jeder vor ihm im eigenen Herzen zu suchen begann und Antwort fand. Und wer sie nicht fand, ging weg und wußte doch, daß jemand ihn still und wissend begleitete.

Auch der Blinde konnte gut zuhören. Er ließ die Menschen ihr bisheriges Schicksal erzählen, lauschte auf den Klang ihrer Stimme und vernahm, weil er mit dem Herzen zuhörte, Verborgenes und Tiefes. Dabei tastete er nach oben zu ihrem Gesicht und nach unten zu ihren Händen, um sie zu streicheln und ihnen wohlzutun. Keinem sagte er etwas voraus. Er sagte nur: »Es gibt ein Kind auf der Welt, das auch für deine dunklen Tage und Wege genug Licht hat. Sorge dich nicht!« Und voller Zuversicht gingen die Menschen von ihm weg.

Der Kindische ging viel unter die Leute. Er lachte und spaßte und sang mit ihnen, um sie zu erheitern. Am liebsten spielte er mit den Kindern und half ihnen, ihre Ängste und Unsicherheiten zu überwinden. Sooft es ging, zog er auch die Erwachsenen ins Spiel ein und ermutigte sie, alles Gespreizte, Wichtigtuerische und die Angst voreinander abzulegen und wieder kindlich und einfach zu werden. Wenn man ihn nach dem Sinn seines Benehmens fragte, sagte er nur: »Wir müssen doch Kinder werden, um groß zu sein – hat mir der König in der Krippe gesagt.«

So geschah es, daß in einer Stadt im Morgenland drei hochangesehene Männer ihre überkommene Weisheit verloren und eine fanden, die sie bescheiden und glücklich machte, und daß sie andern halfen, sie auch zu finden.

Vom Hirten, der saubermachen wollte

Während die ersten Hirten schon lange kniend und sitzend das Kind in der Krippe umgaben und anstaunten, ging die Türe noch einmal auf, und herein kam der Letzte von ihnen. Er hatte sich nicht etwa verspätet, denn er war mit ihnen von den Feldern ins Dorf gekommen. Aber dann war er zuerst in seine eigene Hütte geeilt, um etwas zu besorgen. Nun kam auch er herbei, und mit ihm wehte ein frischer Duft herein. Die andern Hirten zwinkerten einander verständnisvoll zu. Er merkte es und sagte wie entschuldigend: »Ich mußte noch schnell nach Hause gehen, mich ein wenig sauber machen und ein anderes Gewand anziehen. Ich konnte doch nicht so, wie ich war, vor dieses Kind treten, das uns die Engel angekündigt hatten.«

Er streckte seine frischgewaschenen Hände den Eltern entgegen und suchte vor der Krippe einen Platz. Nur die Gefährten, die ihn gut kannten, sahen, wie er kurz zögerte, bevor er niederkniete und mit der Linken rasch über den Boden fuhr. Dann aber vergaß er alles um sich herum und schaute nur noch in die Augen und auf die Stirne des Kindes. Plötzlich brach es aus ihm hervor: »Diese Reinheit, o diese Reinheit! Das ist es, worauf ich immer gewartet habe. Ich habe gewußt, daß es sie gibt. Ich habe darum gekämpft und habe gelitten, wenn ich sie nicht fand. Nun ist sie gekommen und sichtbar geworden.« Er legte seine Hände zusammen, wie wenn er die gefundene Reinheit für immer festhalten wollte.

Als die andern Hirten aufstanden und sich anschickten zu gehen, stand auch er auf. Jetzt erst schaute er sich in der Hütte näher um und fuhr zusammen. »Das ist doch nicht möglich«, sagte er vor sich hin, aber so, daß seine Gefährten es hören konnten. »Diese Umgebung paßt nicht zu ihm. Seht doch, der Boden ist voller Stroh und Staub, in allen Ecken hängen Spinnweben, und nirgends ist ein Platz, auf dem man sich ordentlich niederlassen könnte. Welchen Eindruck muß dieses Kind von der Welt bekommen! Es schaut so rein und klar in die Welt, und was bekommt es als erstes zu sehen? Nein, so darf es nicht bleiben. Sonst erschrickt es und verläßt diese unreine Welt bald wieder.« Er streifte die Ärmel seines Gewandes hoch und sah sich in der Hütte nach etwas um. Da ergriffen ihn die Gefährten, die wußten, was ihn bewegte, und zogen ihn zur Türe hinaus. »Laß sie jetzt in Ruhe«, flüsterten sie ihm zu, »sie haben viel erlebt und haben den Schlaf nötig. Sie sind auch auf diese Weise glücklich, daß das Kind zur Welt gekommen ist.« Nur widerwillig ließ er sich wegziehen und folgte ihnen auf die Felder hinaus.

Während der übrigen Nacht redeten alle von dem, was sie gehört und gesehen hatten. Nur er blickte vor sich hin und schüttelte stumm den Kopf. »Nein, es darf sich nicht daran gewöhnen«, sagten seine Lippen lautlos, »sonst geht es daran zugrunde. Die Menschen finden sich zu schnell mit dem Schmutz und dem Elend ab und vergessen, wie es sein könnte. Ich weiß, was es heißt, dagegen zu kämpfen. Das Kind wird mich gewiß verstehen.« Als seine Kameraden gegen Morgen erschöpft einnickten, machte er sich still davon und ging zu seiner Hütte. Er lebte allein. Nie war eine Frau längere Zeit bei ihm geblieben. Seinem Ordnungssinn wurde keine gerecht, sie hatten ihn jeweils bald wieder verlassen. Niemand besuchte ihn, keiner fühlte sich bei ihm wohl. Er tat zwar keiner Fliege etwas zuleide, aber er ertrug auch keine um sich. Selbst die Kinder des Dorfes mieden ihn. Sooft sie in der Nähe seiner Hütte gespielt hatten, war er mit dem Besen gekommen und hatte den Platz sauber gefegt. Nur die Tiere waren ihm geblieben. Sie konnten sich gegen seinen täglichen Kampf um die Reinlichkeit nicht wehren.

Er legte alles zurecht, was er brauchte, und als der erste Sonnenstrahl aufleuchtete, ging er zur Hütte, in der das neugeborene Kind lag. Die Eltern schauten ihn erstaunt an, als er mit einem Besen, einem Krug Wasser und einigen Lappen eintrat und sie grüßte. »Was willst du damit?« fragte ihn der Vater. »Ich will ein wenig saubermachen, bevor die nächsten Besucher kommen«, antwortete er und fing an, den Boden zu benetzen und zu fegen.

Widerspenstige Halme klaubte er mit den Fingern auf und legte sie sorgfältig zu einem Häufchen zusammen. Er war so in seine Arbeit vertieft, daß er nicht merkte, wie er den Staub aufwirbelte und die Strahlen der Sonne, die durch die Ritzen der Hütte drangen, in lauter Staubkringel verwandelte. Er sah auch nicht, wie die

Mutter das Gesicht des Kindes mit der Hand bedeckte und der Vater die Stirne runzelte. Er schaute erst auf, als die Mutter ihn fragte: »Warum tust du das?« Er antwortete: »Dir kann ich es sagen. Ich habe in dieser Nacht bei deinem Kind die Reinheit gesehen, wie Gott sie erschaffen und gemeint hat. Ich habe immer nach ihr gesucht und habe sie in deinem Kind gefunden. Aber ich erschrak, als ich sah, wo du dein Kind hast zur Welt bringen müssen. Es soll die Welt nicht so kennenlernen, wie sie sonst aussieht, mit Schmutz und Staub. Seinem reinen Blick soll sie auch rein entgegenkommen. Sonst verliert es den Mut, läßt sich bedrücken und ersticken und wird traurig wie die andern. Dieses Kind darf nicht das Opfer der irdischen Unreinheit und Schlechtigkeit werden.«

Bevor die Mutter noch antworten konnte, begann das Kind zu niesen und zu hüsteln. Sie nahm es auf, klopfte ihm leicht auf den Rücken, fuhr ihm über das Gesicht und drückte es an sich. Dann sagte sie: »Du willst den Staub der Erde von ihm fernhalten, und nun hat es ihn erst recht eingeatmet. Überlaß es doch ihm, wie es mit dem Staub und dem Unrat der Welt umgeht und fertig wird. Seine Güte ist stark genug, um den Kampf mit der Schlechtigkeit aufzunehmen. Wir müssen mit unserer Art von Reinheit seiner Art von Reinheit nicht vorgreifen. Es wird von den Wangen der Menschen die Tränen und nicht den Staub abwischen, und es wird nicht mit Fegen und Verbrennen, sondern mit Liebe und Vertrauen die Welt in Ordnung bringen. Du hast es gut gemeint. Aber nun laß uns allein. Ich wünsche dir einen gütigen Tag.«

Beschämt nahm der Hirte sein Werkzeug und schlich in seine Hütte zurück. In den nächsten Tagen verweilte er stumm bei den Schafen und seinen Gefährten. Sooft sie vom Kind redeten, ging er nebenaus und brütete vor sich hin. Erst als er vernahm, daß die Eltern mit dem Kind über Nacht plötzlich weggezogen waren, wagte er sich ins Dorf zurück. Er trat in seine saubere und einsame Hütte und fühlte sich ganz elend. »Wozu halte ich sie eigentlich so aufgeräumt, wenn sie doch außer mir niemandem Raum und Heim bietet? Es ist mir nicht einmal in den Sinn gekommen, die Leute mit dem Kind zu mir einzuladen. Statt dessen wollte ich in einer fremden Hütte saubermachen.« Er gab dem Besen einen Tritt, daß er irgendwohin flog, und ließ ihn dort liegen.

Im Lauf der Zeit verdüsterte sich sein Gemüt immer mehr. Er verrichtete nur noch notdürftig die tägliche Arbeit bei den Tieren, aß ein wenig und schlief viel. Er wurde nachlässig in der Kleidung, und in der Hütte lagerte sich der Staub. Er konnte sich zu nichts mehr aufraffen. Sein bisheriges Leben hatte dem Kampf gegen die Unreinheit gegolten. Ihm hatte er alles geopfert, seine Kraft, seine Liebe und die Zuneigung anderer Menschen. Dann war er der wahren Reinheit begegnet und hatte sie mit Staub bedeckt. Nun kamen ihm alle früheren Anstrengungen sinnlos vor, das ganze Leben hatte keinen Sinn mehr.

Eines Abends kauerte er in einer Ecke und starrte vor sich hin. Bei einer Bewegung vernahm er plötzlich ein leises Knistern im Gewand. Er griff hinein und zog aus einer Falte der Tasche drei Strohhalme heraus, die irgendwann unbemerkt hineingeraten waren. Er betrachtete sie lange schweigend und nachdenklich. Seine Finger hielten sie fest, wie wenn er sich an sie klammern wollte. Er spürte nicht, daß die Tränen über seine Wangen flossen. Dann flüsterte er: »Ein Gruß vom Kind aus der Hütte! Es ist ein Gruß vom Kind. Es hat mich nicht vergessen, obwohl es meinetwegen Staub schlucken und husten mußte. Es ist mir deswegen nicht böse. Es will mir etwas sagen. Aber was?« Er bewegte und drehte die drei Strohhalme in den Händen. Er legte sie nebeneinander und übereinander. Sie sahen bald wie ein Kreuz, bald wie ein Dreieck aus, und auf einmal nahmen sie die Form eines Sternes an. »Das ist sein Gruß!« rief er aus, »das ist ein Zeichen aus der reinen Welt des Himmels, von der er zu uns gekommen ist. Er leuchtet in meiner staubigen Hütte.« Er sprang auf und tanzte mit dem Stern in der Hand in der Hütte herum. Dann schnitt er mit dem Messer kleine Schlitze in die Halme, zog sie kreuzweise hindurch und verfestigte die Form. Mit einem Faden hängte er den Strohstern über seinem Lager auf. Er sah ihn lange glücklich an, bis es ganz dunkel wurde und er einschlief.

Am Morgen erwachte er fröhlich und sah zuerst nach dem Stern. Er war noch da. Er wollte sich etwas wünschen. Da erinnerte er sich an den Gruß, mit dem ihn die Mutter des Kindes damals verabschiedet hatte, als sie sagte: »Ich wünsche dir einen gütigen Tag.« Nun wußte er, was er sich wünschen sollte. Er stand auf und brachte kurz die Hütte in Ordnung. Dann verließ er sie, um nach den Schafen zu sehen. Als er durch das Dorf ging, sah er ein Kind, das umgefallen war und weinte. Er kauerte sich neben ihm nieder, nahm es in die Arme und wischte ihm die Tränen weg. Als es sich noch immer nicht beruhigen wollte, nahm er es bei der Hand und versprach ihm, daß er ihm etwas Schönes zeigen wolle. Er führte es in seine Hütte und zeigte ihm den Stern. Noch nie hatte es etwas Derartiges gesehen. »Woher hast du ihn?« fragte es ihn. »Ich habe ihn von einem Himmelskind bekommen«, antwortete er lächelnd. »Kann ich von ihm auch einen bekommen?« fragte das Kind. »Gewiß, du bekommst auch einen. Ich werde dir heute gegen Abend zeigen, woher er kommt. Weißt du was? Bringe noch einige andere Kinder mit dir. Wir werden es lustig und schön haben.«

Als er am späten Nachmittag vom Felde zurückkam, wartete schon eine Schar von Kindern auf ihn. Er führte sie in die Hütte. Dann zog er einige Strohhalme aus seinem Lager und zeigte ihnen, wie man Sterne macht. Sie hüpften vor Freude in der ganzen Hütte herum, so daß Staub aufwirbelte. Ein letzter Sonnenstrahl fiel herein.

Ein Kind sah plötzlich den tanzenden Staub im Sonnenlicht und wies die andern darauf hin. Auch der Hirte blickte staunend hin. Auf einmal erkannte er, wie die Staubkörnchen das Licht vielfältig brachen und es überallhin verstreuten. Ergriffen stammelte er: »Nicht einmal die Sonne kommt ohne den Staub aus, wenn sie leuchten will, und wird doch von ihm nicht ausgelöscht. Es gibt eine Reinheit, die unendlich stärker ist als alle Unreinheit, und sie wird gewinnen. Wer sich von ihr anstrahlen läßt, fürchtet sich nicht mehr vor Staub und Schmutz. Ihr Licht geht nie aus.« Dann sammelte er die Kinder, die ihre Sterne in der Hand hielten, um sich und erzählte ihnen die Geschichte von einem Mann, der immer hatte saubermachen wollen, bis er bei einem Kind in der Krippe dem Geheimnis der göttlichen Reinheit begegnet war.

Zacharias hat nichts zu sagen

Als der Engel im Unsichtbaren verschwunden war, blieb Zacharias erschrocken zurück. Erst jetzt empfand er das Gewicht dessen, was er ihm gesagt hatte. Die Bitte um den Sohn, die er vor vielen Jahren an Gott gerichtet hatte, war bei Gott aufgehoben und wuchs im Verborgenen zur Erfüllung. Er aber hatte nicht mehr daran geglaubt, daß Gott menschliche Worte annimmt und sie in seinem unendlichen Gedächtnis bewahrt. Nun sollte er verstummen. Er blieb lange in Gedanken versunken.

Endlich wurde ihm bewußt, daß er hinausgehen und dem Volk etwas sagen sollte. Immer warteten die Leute darauf, daß er ihnen etwas zu sagen hatte. Dafür gab es Priester. Aber was sollte er jetzt sagen? Gott hatte seine Worte in ihrer ganzen Leere entblößt und ihm gezeigt, daß sie nur menschliche Worte ohne jede Deckung waren. Was war da noch sagenswert? Aber er war verurteilt zu reden. Dafür war er angestellt. Dafür brachten sie Opfer, von dem ein Teil des Fleisches für ihn abfiel. Davon lebten er und seine Frau. Die Leute warteten mit Recht. Sie wollten bedient werden.

Als ihm ein Mitpriester unwillig zurief: »Komm doch endlich und sage in Gottes Namen etwas!«, raffte er sich auf. Er ging und öffnete den Mund. Er war nicht stumm. Er konnte reden. Die Worte kamen fast wie von selbst. Er sagte, was die Leute erwarteten. Er reihte fromme Worte an fromme Worte. Die Sätze der heiligen Schriften strömten ihm nur so zu. Noch nie hatte er so gut gesprochen. Viele lauschten beglückt und ließen die Worte an sich vorbeirauschen. Das war es, was sie immer zu hören begehrt hatten. Es schenkte ihnen ein Gefühl von Vertrautheit und göttlicher Sicherheit.

Nur einige wenige, die mit dem Herzen hörten, blickten erschrokken auf. Sie empfanden, wie hohl alles klang. Sie sahen, wie die leeren Worte wie unruhige Vögel im Tempel herumschwirrten und keinen Ort fanden, wo sie sich hätten niederlassen können. Und als Zacharias endlich schloß und die Hände erhob, um im Namen Gottes das Volk zu segnen, bedeckte einer seine Ohren mit den Händen und flüsterte entsetzt: »Er lästert Ihn!« Dann drängte er sich nach außen. Er hatte es nur ganz leise gesagt, aber Zacharias hörte es und verstand ihn. Am liebsten wäre er ihm nachgerannt und hätte ihm alles bekannt. Aber die Leute drängten sich zu ihm, schüttelten seine Hände und küßten seine Lippen, um ihm für die Worte zu danken. Sie waren wie im Rausch. Sie baten ihn: »Gib uns noch etwas auf den Heimweg mit!« Und um sie nicht zu enttäuschen, redete er weiter, bis die Leute endlich müde wurden zuzuhören und gingen.

Erschöpft ging auch er nach Hause. Hier durfte er schweigen. Seine Frau schaute ihn an und verstand alles. Er brauchte nichts zu erzählen und zu erklären. Sie fühlte Erbarmen mit ihm und schloß ihn stumm in ihre Arme. In jener Nacht empfing sie ein Kind.

Am andern Morgen nahm sich Zacharias vor, nicht mehr zu reden. Er schämte sich vor Gott und den Menschen und fühlte sich müde und leer. Schweigsam verrichtete er seinen Dienst am Altar. Er achtete wie nie zuvor auf jede Kleinigkeit des Opfervorganges. Wenn er schon nichts zu sagen hatte, wollte er doch recht hantieren. Und er steckte mit seiner Sorgfalt auch die andern Priester an, so daß an jenem Tag die Opfer weithin zu sehen und zu riechen waren.

Aber wieder kam die Stunde, in der er vor das Volk treten sollte. Als man nach ihm rief, schüttelte er den Kopf und preßte die Lippen zusammen. Doch die Leute schrien: »Wir wollen Zacharias, den Redner, hören! Laßt ihn heraus!« Da kam es wie ein Zwang über ihn, der nicht vom Volk her, sondern aus seinem Innern kam. Er konnte sich nicht mehr wehren. Er mußte hintreten und reden. Er verstummte, indem er immer mehr redete. Es war wie ein Fluch in seinem Herzen. Gott hatte sein Wort zurückgezogen, und in die Leere, die dadurch entstanden war, strömten die menschlichen Worte ein. Aber weil die Lücke unendlich war, konnte kein Schwall sie ausfüllen. So ging es Tag für Tag.

Es dauerte nicht lange, da spürten es auch die Menschen, die Zacharias zugejubelt hatten. Auch sie fühlten sich gezwungen, ihm zuzuhören, und merkten doch gleichzeitig, daß ihr Innerstes dabei leer blieb. Sie zogen sich von ihm zurück und wählten sich andere

Priester. Aber in der Zwischenzeit hatte Gott heimlich allen Priestern seine Kraft entzogen. Sie bemühten sich zwar, die befremdliche Leere auszufüllen. Sie zogen immer neue Gebiete des Lebens in ihre Reden ein. Sie griffen die Schlagworte der Zeit auf und formten immer neue Ausdrücke. Auch erfanden sie immer neue Opferbräuche, die Altäre rauchten Tag und Nacht und legten eine Wolke von Rauch über den Tempel. Dennoch blieben die Menschen enttäuscht, und der Tempel entleerte sich.

Aber außerhalb des Tempels ging der Kampf weiter. Als die Worte der Priester verhallt waren, griffen andere sie auf. Sie gedachten, es besser zu sagen. Sie verbannten Gott aus ihrer Sprache und ließen sich von dem inspirieren, was die Menschen sagten. Sie beobachteten das tägliche Leben der Menschen und machten es zu ihrem Thema. Sie entdeckten neue Dinge der Welt und brachten sie zur Sprache. Sie erkundeten die Abgründe der Seele und faßten die Träume in Worte. Alles nahmen sie in den Mund, kosteten es und gaben es wieder von sich. Sie drehten und verdrehten die bekannten Worte, um Neues zu sagen, und merkten doch selbst, daß sie nichts zu sagen hatten, nichts Neues und nichts Altes. Sie redeten immer platter und immer rascher. Schließlich griffen sie zu Abkürzungen und Formeln, um alles auf einmal sagen zu können. Sie gaben den Dingen und zuletzt auch den Menschen Zahlen und Nummern. So wurde alles, was Menschen sagen konnten, in fertige Formeln gefaßt. Sie hatten darüber hinaus einander nichts mehr zu sagen und verstummten.

Zacharias sah, was geschah, und litt unsäglich. Er hatte das Gefühl, an allem schuld zu sein. Er hatte vor langer Zeit zu Gott gebetet und dann, als er von ihm endlich eine Antwort bekommen hatte, ihm nicht geglaubt. Nun waren alle Worte unglaubwürdig und kraftlos geworden, und er allein wußte, weswegen. Aber er konnte es keinem sagen, es gab dafür keine Wörter und keine Hörer mehr. Niemand hätte sein Bekenntnis verstanden. Er versuchte, wortlos, nach innen zu beten, aber er wußte nicht, ob Gott noch hören wollte. Vielleicht war Gott auch taub und stumm geworden.

Das einzige, das ihn hoffen ließ, war der Zustand seiner Frau, die ein Kind erwartete. Das war doch ein Zeichen dafür, daß Gott ihn trotz seines Unglaubens beim Wort genommen hatte. Er ahnte, daß Gott doch mehr ist, als Worte sagen können, und auch hinter dem Schweigen der bleibt, der er ist. Wenn Menschen verstummen, verdorrt das Leben. Wenn Gott verstummt, entsteht dahinter neues Leben. So wartete Zacharias auf die Ankunft des Kindes, mit dem Gott vielleicht sein Schweigen durchbrechen würde.

Es war schwer, so schweigsam warten zu müssen und niemandem ein Wort der Hoffnung sagen zu können. Die Menschen gewöhnten sich nur mühsam an ihre kalte Formelsprache. Vor allem Liebende fielen immer wieder auf seltsame Ausdrücke von früher zurück. Man baute darum die Sprache so aus, daß auch tiefere Regungen dargestellt werden konnten. Dennoch befriedigte sie nicht, was die Menschen zuinnerst bewegte. Die Zeichen, die man einander gab, wurden falsch verstanden und falsch gedeutet. Bald brauchte es besondere Zeichendeuter, welche die Mißverständnisse klärten. Sie studierten die Bewegungen der Gesichter, der Hände und des ganzen Körpers und mußten überall eingesetzt werden, wo Menschen zusammenkamen. Als auch sie nicht genügten, öffnete man den Tempel wieder und griff auf die ehemaligen Priester zurück. Sie sollten die letzten Bedürfnisse der Menschen stillen. Sie sollten einen Kult mit Figuren, Zeichen und Symbolen aufbauen, damit die stummgewordenen Menschen zu stummen Götzen aufschauen könnten.

In jenen Tagen holte man auch Zacharias in den Tempel. Er zögerte zu kommen, da seine Frau kurz vor der Geburt stand. Aber man nahm ihn gewaltsam mit und führte ihn in die Versammlung der Priester. Er sollte die Arbeiten am neuen religiösen Dienst leiten. Aber er schüttelte den Kopf und preßte die Lippen zusammen. Er wurde an den Altar, an dem ihm einst der Engel erschienen war, gebunden und geschlagen. Man schlug ihn, bis er vor Schmerzen aufschrie. Aber er gab nicht nach.

Während einer kurzen Atempause der Peiniger schlich ein Bekannter in seine Nähe und gab ihm durch Zeichen zu verstehen, daß ihm seine Frau einen Sohn geboren hatte. Da öffnete er seine Lippen und rief: »Gelobt sei Gott für sein lebendiges Wort!« Und die Mauern des Tempels nahmen seine Worte auf und gaben sie dröhnend weiter, so daß es drinnen und draußen alle hörten. Als sie den Klang einer menschlichen Stimme, die aus dem innersten Herzen kam, vernahmen, horchten sie auf. Ihre Zungen fingen an, sich zu lösen, und sie fragten: »Was ist das?« Einer rief: »Das ist Zacharias, der Redner!« Ein anderer rief: »Nein, das ist Zacharias, der Priester!« Alle drängten nach innen, um ihn zu sehen und zu hören. Er trat ihnen blutüberströmt entgegen und sagte: »Gelobt sei Gott für sein lebendiges Wort!« Er erzählte ihnen, was mit ihm geschehen war, und bat sie um Vergebung für alle Not, die er ihnen bereitet hatte. Er stockte dabei oftmals, als müßte er die Worte suchen. Dann bat er sie: »Tragt Sorge zu eurer wiedergefundenen Sprache. Sie ist von Gott geschaffen. Nährt eure Worte im Verborgenen wie eine schwangere Frau ihr Kind und bringt sie erst zur vollen Zeit zur Welt. Nun geht und lobt Gott für sein lebendiges Wort!«

Dann ging auch er nach Hause, nahm das Kind auf seine Arme und dankt Gott für das Geschenk, das er ihm schon lange vorbereitet hatte und auf das er ihn so lange hatte warten lassen. Seit jener Geburt dürfen die Menschen daran glauben, daß Gott ihre Worte ernst nimmt und sie zu seiner Zeit füllt und erfüllt.

Vom Hirten, der bei der Geburt dabei war

Nicht-Legende zu Lukas 2,12

Als die Hirten zur Nachtwache auf den Feldern aufgebrochen waren, war einer zuhause geblieben, um im Laufe der Nacht einen von ihnen abzulösen. Es gab allerlei zu tun, da ein Verwandter mit seiner jungen Frau, die schwanger war, zu Besuch gekommen war. Er machte sich nützlich, wo man ihn brauchte.

Plötzlich setzten bei der jungen Frau die Wehen ein. Die Frauen, die ihr beistanden, schickten ihn Wasser und frisches Stroh holen. Draußen war es dunkel und kalt, und er war froh, das er sich nachher in einer Ecke der Hütte niederlassen konnte. Niemand nahm ihn wahr. Er hörte, wie die Mutter stöhnte, die Frauen ihr zuredeten, und dann auf einmal den Schrei des Neugeborenen und das Lachen der Mutter und den Jubel der Frauen. Sehen konnte er nichts als die Bewegungen der Frauen. Als es endlich etwas ruhiger wurde, trat er hinzu und sah das Kind schon gewickelt in einem der Futtertröge liegen, wie es bei allen kleinen Kindern seiner Schwestern, Tanten und Nichten zu sein pflegte, und schaute es an. Es sah runzelig, violett und alt aus wie alle Neugeborenen, die er zu sehen bekommen hatte. Er freute sich an dem kleinen Geschöpf und staunte einmal mehr über das Wunder des Lebens, das in einem Menschenkind Gestalt angenommen hatte, und ging hinaus, um die Morgenwache zu übernehmen.

Auf halbem Wege hörte er seine Kameraden kommen. Er verwunderte sich, daß sie nicht auf ihn gewartet und die Herden allein zurückgelassen hatten. Als sie aufeinanderstießen, riefen sie ihm zu: »Der Messias ist zur Welt gekommen, ein Engel hat es uns gesagt. Der Himmel war weit offen!« Er staunte und fragte: »Wo ist er denn zur Welt gekommen?« Sie antworteten: »Bei uns in Bethlehem! Hast du denn nichts gesehen?« Er entgegnete: »Maria, die bei uns zu Besuch ist, hat ein Kind geboren. Es ist ein Knabe. Aber vom Messias habe ich nichts gesehen. Es ist ein Kind wie alle Kinder, die ich gesehen habe.« – »Dann ist dies das Kind, das wir suchen!« riefen die andern und waren schon auf dem Weg zu ihm.

Nur einer blieb noch stehen und fragte ihn: »Hast du denn wirklich gar nichts gesehen? War kein Engel dabei? War keine himmlische Stimme zu hören?« Er schüttelte den Kopf und sagte: »Nein, ein Kind ist zur Welt gekommen wie alle andern Kinder. Maria hat gestöhnt, das Kind hat geschrien, die Frauen haben geholfen. Ich habe Wasser und frisches Stroh geholt. Keines von uns hat etwas Besonderes gesehen. Niemand hat so geredet wie ihr. Aber das Kind habe ich selber angeschaut.« – »Seltsam«, erwiderte der andere, »du warst dabei und hast nichts gesehen. Wir waren nicht dabei, aber uns hat ein Engel gesagt, daß der Messias zur Welt gekommen sei, und uns zu einem Kind geschickt, das in Windeln gewickelt ist und in einem Futtertrog liegt.«

Der, der dabeigewesen war, sagte: »Dann geh und schaue es dir an. Und ich will darüber nachdenken, was euch vom Kind gesagt worden ist.«

Sie schauten einander kopfschüttelnd an, und jeder ging seinen Weg in den Morgen hinein, der allmählich über dem Dorf und den Feldern aufdämmerte, der eine, um zu sehen, was er vernommen, der andere, um zu vernehmen, was er gesehen hatte.

Als der Evangelist Matthäus den Stammbaum Jesu aufschrieb

Der Evangelist Matthäus saß an seinem Schreibpult vor einem weißen Blatt. Um ihn herum lagen die heiligen Schriften des Alten Testamentes. In der Hand hielt er eine Rolle des Evangelisten Markus, die schon ganz zerlesen war. Er schüttelte den Kopf und sprach zu sich: »So wie der Markus kann ich mein Evangelium nicht beginnen. Jesus war doch schon vor der Taufe da. Er fiel nicht mit dreißig Jahren plötzlich vom Himmel. Er hat doch eine irdische Vorgeschichte, die bis zur Geburt und darüber hinaus weit zurückreicht. Gott handelt auf lange Sicht. Darum hat jeder Jude einen Stammbaum. – Wie sieht eigentlich der Stammbaum Jesu aus?«

Er blätterte lange in den heiligen Schriften und schaute dann zufrieden auf. Schnell machte er einen Entwurf mit den großen Epochen der Geschichte Israels von Abraham bis David, von David bis Jechonja, von Jechonja bis zu Jesus und fügte die Namen der Könige und ihrer ältesten Söhne ein.

Als er eifrig schrieb, trat seine Frau ein. Sie brachte ihm etwas zu essen und zu trinken und fragte ihn: »Kommst du mit der Arbeit vorwärts?« Er sagte: »Setz dich, ich lese dir vor, was ich geschrieben habe.«

Sie setzte sich zu den Füßen ihres Mannes nieder, und Matthäus las vor. Beim Namen Isai fing sie an zu summen:

»Es ist ein Reis entsprungen aus einer Wurzel zart,
von Isai kam die Art.«

Dann hörte sie wieder still bis zu Ende zu.

Matthäus war es ganz heimelig zumute. Zu seinen Füßen saß ein Mensch. Das war doch etwas ganz anderes als beim Evangelisten Markus. Zu dessen Füßen war nur ein Löwe gesessen. Aber ein Mensch – das gab ein viel schöneres Bild! Vielleicht würde man ihn später mitsamt einem Menschen abbilden.

Aber auch die Frau eines Evangelisten will nicht nur ein schönes Symbol sein, sondern ein Mensch aus Fleisch und Blut und mit eigener Meinung. Plötzlich stand sie auf, beugte sich über seine Schulter, schaute ins Manuskript und fragte: »Warum stehen eigentlich keine Frauen im Stammbaum?«

Matthäus antwortete: »Frauen sind doch vorausgesetzt, wenn es heißt: er zeugte.«

Sie erwiderte: »Gewiß, aber dazu braucht es immer zwei. Du mußt einige Frauen dazu nehmen.« Und schon blätterte sie eifrig in den alten Schriften.

»Soll ich dir einige nennen? Ich kann dir mindestens ein Dutzend aufzählen! Da – Sarah, Rebekka, Lea – die berühmtesten. Ach nein«, unterbrach sie sich, »von den berühmten Frauen spricht man schon genug. Nimm lieber einige Unbekanntere. Da, nimm doch diese Thamar!«

Matthäus wehrte entsetzt ab: »Doch nicht Thamar! Was denkst du dir? Diese Frau, die sich verkleidet an die Straße stellte, um endlich von irgendeinem Mann ein Kind zu bekommen. Du darfst doch Jesus nicht mit solch peinlichen Frauen belasten! Bitte, blättere weiter!« Dennoch trug er Thamar ein.

»Aber Rahab, die Dirne aus Jericho, die mußt du nennen. Sie hat zwei israelitische Spione bei sich versteckt und vor dem Tod gerettet.« Matthäus seufzte: »Schon wieder eine Frau mit schlechtem Ruf! Du hast heute einen seltsamen Geschmack. – Zwar, zeig einmal. Wirklich, sie hat für unser Volk eine wertvolle militärische Rolle gespielt. Deshalb ist sie brauchbar.«

Seine Frau las weiter: »Hier bist du sicher zufrieden. Siehst du, da ist auch Ruth in der Reihe, die Ausländerin aus Moab, die Frau, die von Boas in Schutz genommen wurde. Was willst du noch mehr?« Matthäus gab zu: »Ja, Ruth ist in Ordnung. Sie hat auch fremdes Blut hereingebracht. Lies weiter!«

Seine Frau las: »Isai zeugte David, David zeugte Salomo. – Aber du kannst doch den größten König Israels nicht so leicht übergehen. Schließlich kennt jedes Kind die Affäre Davids mit Bathseba.«

Matthäus rief: »Nenne diesen Namen nicht! Es ist schon schlimm genug, daß es geschehen ist. Ausgerechnet bei David, dem größten Gesalbten vor Jesus.«

Seine Frau antwortete: »Du denkst immer nur an die Entgleisungen. Ich denke an die Vergebung, die David von Gott empfangen hat. Sonst wäre die Linie hier doch abgebrochen, und du hättest vielleicht überhaupt nichts zu schreiben. Gibt es denn Vergebung ohne Sünde?«

Nur widerwillig stimmte Matthäus zu. Aber den Namen Bathseba zu nennen, brachte er nicht über sich. Statt dessen fügte er den Namen ihres unglücklichen Gatten Uria ein. Dann aber seufzte er schwer und sagte: »Laß es nun bei diesen vier Frauen bewenden, sonst wird alles noch verwickelter.«

Seine Frau beruhigte ihn: »Du hast ja zuletzt Maria. Sie macht alles wieder gut, was da so seltsam ineinander verwoben ist. – Und übrigens muß ich jetzt gehen. Bei den nächsten Jahrhunderten möchte ich nicht dabei sein. Die vielen unappetitlichen Kriegsgeschichten überlasse ich lieber den Männern. Wir Frauen sind ja doch immer nur ihre Opfer.« Und sie ging hinaus.

Matthäus schaute ihr kopfschüttelnd und bewundernd nach. Ungestört durchschritt er nun das nächste Jahrtausend mit der Staatsgeschichte vor und nach der babylonischen Gefangenschaft bis zur Geburt des Erlösers. Zuletzt überflog er die Einteilung: »Vierzehn Generationen bis David, vierzehn bis zur babylonischen Verbannung und ebenso viele bis zu Jesus.« Plötzlich stutzte er. Ihm fiel etwas auf. In der ersten Epoche war der Glaube Israels ohne den Staat ausgekommen, in der zweiten waren Staat und Religion eng miteinander verknüpft, und in der dritten Epoche, die immer noch andauerte, mußte der Glaube wieder ohne staatliche Krücken seinen eigenen Weg gehen. Aber immer hatte der Glaube überlebt, den menschlichen Verirrungen und den staatlichen Verwirrungen zum Trotz. Bei soviel göttlicher Treue brauchte einem um die Zukunft des Glaubens nicht bange zu werden.

Glücklich und zuversichtlich nahm er das erste Blatt seines Evangeliums und zeigte es seiner Frau. Sie hatte nun nichts mehr einzuwenden. Sie breitete nur auf einmal ihre Arme weit aus und sagte: »Weißt du, so groß würde der Stammbaum, wenn du nicht immer nur die ältesten Söhne, sondern auch alle Geschwister mitsamt ihren Verästelungen aufgeschrieben hättest. Dann würde deutlich, daß Jesus eigentlich mit der ganzen Welt verwandt ist, mit Juden und Arabern, mit Heiden und Christen. Dann ist er doch unser Bruder und wir sind seine Geschwister, Geschwister einer ungeteilten Welt.«

Matthäus rief: »Du übertreibst! So einfach geht das nicht!«

Seine Frau antwortete: »Ich übertreibe nicht. Ich glaube.«

So kam es, daß am Anfang des Matthäus-Evangeliums dieser menschliche Stammbaum unseres Erlösers steht.

Des Königs leere Kammer

Ein König war über die Maßen reich und überaus freigebig. Es verging kein Tag, ohne daß er aus seinem großen Vermögen allen, die es nötig hatten, reichlich ausgeteilt hätte. Und obwohl er viel gab, wurden seine Schatzkammern nicht leer.

Jeden Morgen ging er in das unterirdische Gewölbe, in dem die Schatzkammern lagen. Bevor er sie aber mit dem Schlüssel öffnete, ging er zu einer Kammer, die zuhinterst lag und deren Türe als einzige Tag und Nacht bewacht wurde. Sooft er die geheime Kammer öffnete, ließ er die Wache wegtreten, so daß niemand auch nur einen Blick hineinwerfen konnte. Dann schloß er die Türe hinter sich zu und blieb eine Stunde darin. Wenn er wieder herauskam, schloß er sorgfältig ab und rief erst dann die Wache wieder herbei.

So geschah es Tag für Tag und Jahr für Jahr. Alle wußten es und verwunderten sich darüber. Viele flüsterten, er treibe im Geheimen Zauberei. Einige munkelten, er stehe mit dem Teufel im Bund und vermehre mit dessen Hilfe seine Schätze. Auch seine Familie vermutete, daß er irgend etwas Geheimnisvolles tue. Aber niemand wagte ihn zu fragen.

Als er alt geworden war, rief er eines Abends seinen ältesten Sohn zu sich und sagte zu ihm: »Ich bin nun alt geworden und werde bald sterben, und du wirst nach mir König sein. Ich will dir nun das Geheimnis unseres Reichtums zeigen. Aber schwöre mir zuerst, daß du keinem Menschen etwas davon verraten wirst und es erst deinem Sohn wieder anvertrauen wirst, wenn du selber alt geworden bist!« Und der Sohn schwor es.

Dann nahm ihn der König mit sich und führte ihn in die geheime Kammer. Als sie eingetreten waren, blickte sich der Sohn nach allen Seiten um und griff dann erschrocken nach dem Arm des Vaters. Die Kammer war ganz leer. Der König fragte ihn: »Wovor erschrickst du? Was siehst du?« Der Sohn antwortete: »Ich sehe nichts. Darum erschrecke ich.« Der König sagte zu ihm: »Ich werde dich für diese Nacht hier einschließen, und du sollst über die Kammer nachdenken.« Der Sohn umklammerte entsetzt den Vater. Der aber umarmte ihn, löste sich von ihm und schloß ihn ein.

Als er am nächsten Morgen die Kammer öffnete und eintrat, sah er den Sohn am Boden liegen, den Mantel über den Kopf gezogen. Er hob ihn auf und fragte ihn: »Worüber hast du in dieser Nacht nachgedacht?« Der Sohn antwortete: »Ich konnte nichts denken, aber ich werde diese Kammer zumauern.« Der König erwiderte nichts und führte ihn hinaus. Am Abend schloß er ihn wiederum ein und sagte zu ihm: »Denke in dieser Nacht über die Kammer nach!« Am andern Morgen fand er den Sohn bleich und trotzig an eine Mauer gelehnt sitzen und fragte ihn wiederum: »Worüber hast du in dieser Nacht nachgedacht?« Der Sohn antwortete: »Ich habe darüber nachgedacht, womit ich die Kammer füllen werde.« Der König antwortete nichts und führte ihn hinaus.

Am dritten Abend schloß er ihn abermals ein und sagte zu ihm: »Denke auch in dieser Nacht darüber nach!« Als er am nächsten Morgen eintrat, stand der Sohn vom Boden auf und rieb sich die Augen. Der König fragte ihn: »Worüber hast du diese Nacht nachgedacht?« Der Sohn antwortete: »Ich weiß nicht, ich habe die ganze Nacht tief geschlafen.«

Da lächelte der König, umarmte ihn und sagte: »Dann hast du das Geheimnis der Kammer verstanden. Komm nun mit und hilf mir bei der täglichen Austeilung.« Er schloß die Kammer sorgfältig zu und ging dann mit dem Sohn in die Schatzkammern und holte mit ihm heraus, was für den Tag nötig war.

Nach dem Tode des Königs übernahm der Sohn den Schlüssel zur leeren Kammer und machte täglich denselben Gang wie sein Vater. Bevor er die Gaben austeilte, ging er in die leere Kammer, schloß sich ein, blieb eine Stunde darin und ging erst dann in die Schatzkammern. Und die Gaben, die er von dort aus den Leuten austeilte, nahmen kein Ende.

Als die Menschen Gott die Ruhe raubten

I.

Wieder einmal brach an einem Sonntagabend der Verkehr zusammen. Auf allen Zufahrtsstraßen stauten sich die Autos. Väter fluchten, Mütter weinten, Kinder schimpften: »Immer dieser Sonntag! Das ist doch stets der langweiligste Tag der Woche. Warum hat man ihn nicht längst abgeschafft?« Und wieder einmal versuchten die Mütter zu erklären, wie dieser Tag entstanden war. Aber sie glaubten selber nicht mehr daran, weder an den Ruhetag Gottes, nachdem er die Welt erschaffen hatte, noch an die Ruhe, die davon auf die Menschen übergehen sollte. In den Vätern aber setzte sich die Frage der Kinder fest.

In den nächsten Tagen kamen immer mehr Menschen zusammen, welche die leidige Frage des Ruhetages berieten und endlich erledigen wollten. Sie stießen dabei auf eine noch tiefere Ursache. Nicht nur der Ruhetag, sondern die Ruhe überhaupt war jahrtausendelang auf Gott zurückgeführt worden. Immer hatten die Menschen ihn darum bitten müssen und waren von Mal zu Mal von seiner Gabe abhängig gewesen. Die Menschen beschlossen, dem ein Ende zu machen. Sie griffen insgesamt zu und raubten Gott die Ruhe. Es war ein harter Kampf, denn da Gott in sich selber ruht, traf es ihn zutiefst. Er wurde aus sich selbst herausgerissen. Seine Ruhe war dahin. Sie war jetzt bei den Menschen. Ihm blieb nur cine unendliche Unruhe.

Die Menschen aber waren überglücklich, die Ruhe in den eigenen Händen zu haben. Jetzt mußten sie keine Hände mehr nach ihr ausstrecken, um sie abschnittweise zu empfangen. Sie war da in aller Fülle. Sie überströmte Hände und Herzen und floß nach allen Seiten in die Welt. Die Menschen genossen sie in vollen Zügen und schauten einander strahlend an. Jetzt erst nannten sie die Ruhe »göttlich«. Dabei dachten sie nicht an deren Ursprung – wie die

Menschen ja immer dann etwas »göttlich« nennen, wenn sie es nicht mit Gott in Verbindung setzen.

Alles war voll schöner Bewegungen und innerer Harmonie. Selbst in den Händen der Menschen hatte die Ruhe noch so viel himmlischen Stoff, daß er unweigerlich weiterwirkte, etwa in den Händen, die sich zum Gruß fanden, die eine Wange streichelten oder Tränen wegwischten, die Brot abschnitten oder einen Hammer schwangen. Es war wie am Anfang der Welt. Da nun täglich Ruhetag war, hatte der Sonntag keine besondere Bedeutung mehr und war bald vergessen. Er war einfach der siebte Tag.

Es war natürlich nicht zu vermeiden, daß viele die Ruhe mit dem Nichtstun verwechselten. Das betraf vor allem jene, die in ihrer Tätigkeit keinen rechten Sinn fanden und nun ganz damit aufhörten. Das aber konnten wiederum die andern nicht dulden. Und es dauerte nicht lange, bis man die Nichtstuer zur Arbeit zwang und ihnen die Ruhe nur abschnittweise zuteilte. Das war der Anfang der Sklaverei unter der Macht der menschlichen Ruhe.

Sie fiel zeitlich mit einem andern Ereignis zusammen. Die Hochflut der einst göttlichen Wohltat hatte sich allmählich verringert. Sie hatte keine Mitte mehr und verlief nach allen Seiten. Und da sie von keiner Quelle mehr gespeist wurde, floß sie immer spärlicher. Das zwang die Menschen, mit ihr vorsichtiger umzugehen. Sie machten ein Inventar aller noch vorhandenen Ruhegüter. Sie stellten eine Liste aller stillen Orte auf. Dabei erschraken sie zum ersten Mal.

Niemand hatte nämlich daran gedacht, daß sie jetzt auch für die Ruhe in der Natur zuständig waren. Zwar war seit der Schöpfung noch viel von ihr in der Natur übriggeblieben. Sie lag noch auf den Blättern der Bäume, sie schwebte über den Wassern, sie brütete über der Wüste, sie hing im nächtlichen Himmel. Aber da die Menschen alles in ihren Griff bekommen wollten, mußten sie auch diesen natürlichen Rest übernehmen. Alle Ruhe, die nicht von ihnen kam, beunruhigte sie, und alle Unruhe, die von ihnen kam, beruhigte sie. Sie ruhten nicht, bis sie den letzten stillen Winkel erobert hatten. Ein immer dichteres Netz von Ruherouten zog sich auf dem Land, auf dem Wasser und in der Luft um die Erde. So wurde auch die Stille der Natur vermenschlicht, so sehr, daß sie bald vor Aufregung zitterte. Bald erlaubte das Zittern der Luft nur noch ein kurzes, oberflächliches Atmen.

II.

Angesichts des schwindenden Vorrates wurde der Umgang mit der Ruhe immer schwieriger. Und es geschah, was mit allen Dingen in den Händen der Menschen zu geschehen pflegt: Jeder versuchte, soviel als möglich für sich auf die Seite zu bringen. Die Ruhe wurde zum Eigentum des Einzelnen. Wer sich genügend gesichert hatte, grenzte sie gegen die andern ab und zäunte sie ein. Wenn möglich schützte er sie mit Hunden. Drinnen bei sich hatte er es ruhig und gemütlich, aber unter der Haustür hörte die Gemütlichkeit auf. Da die Ruhe jetzt ein Besitz war, wollte jeder in Ruhe gelassen werden. Niemand durfte ihn stören. »Laß mich in Ruhe!« wurde der Satz, der am häufigsten zu hören war.

Das galt auch bei jenen, die ihre Ruhe nicht im Haus, sondern im Herzen speicherten. Sie waren früher als religiöse Leute geachtet worden. Auch sie wollten sich durch niemanden aus ihrem Seelenfrieden bringen lassen. Eigentlich hatten sie schon immer nur an sich gedacht.

Auf diese Weise erlahmten grüßende und tröstende Hände. Jeder hielt fest, was er hatte. Das war nicht anders möglich. Da alles mit einem Raub begonnen hatte, mußten sich die Menschen gegenseitig für Räuber halten und sich gegeneinander sichern.

Bei diesen privaten Unternehmungen ging der Staat wie immer leer aus. Dabei sollte er den Besitz der Einzelnen hüten und nachträglich für die Benachteiligten sorgen. Also erließ er Gesetze gegen die Unruhestifter. Als Ruhestörung galten Lachen und Singen und Kinderlärm, während alle technischen Geräusche geduldet und gefördert wurden.

Als diese Gesetze bekannt wurden, erhob sich erstmals Widerspruch. Studenten und Kinder gingen gemeinsam auf die Straße. Die Studenten protestierten gegen die privilegierten Ruhebesitzer, die sich auf Kosten der verarmenden Gesellschaft bereichert hatten. Die Kinder schrien gegen ihre Einstufung als Lärmquelle. Immer mehr Leute kamen, stellten unbequeme Fragen und störten den Frieden.

Fast hätten die Besitzer die Ruhe verloren. Aber sie besannen sich rechtzeitig und verlangten statt dessen vom Staat, daß er endlich damit beginnen möchte, Ruhe herzustellen. Wenn er schon nicht natürliche Ruhe zustande brächte, sollte er wenigstens künstliche zustande bringen. Das wirkte. Die Forscher gingen an die Arbeit und fanden heraus, wie Ruhe hergestellt werden konnte, nämlich durch Gewalt und durch Chemie.

So geschah es. Gegen die unruhigen Studenten ging man fortan mit Gewalt vor und schoß mit Gewehren auf sie. Gegen unbequeme Kinder ging man mit Beruhigungsmitteln vor, die zwangsweise verordnet und klassenweise abgegeben wurden. Diese zwei Mittel waren fast immer erfolgreich. Zur allgemeinen Zufriedenheit war die Ruhe nun herstellbar. Sie war zwar nicht schöpferisch, sondern mörderisch, nicht belebend, sondern betäubend, aber sie lag nun ganz in den Händen der Menschen. Sie hatten sie gründlich und endgültig von Gott gelöst.

III.

Was aber war mit Gott geschehen? Als ihm die Menschen die Ruhe geraubt hatten, war ihm buchstäblich nur die Unruhe geblieben. Sie wurde jetzt zu seiner Eigenart. Dabei beunruhigte ihn nicht der Raub der Ruhe. Die Menschen hatten ihm ja schon viel entrissen, und er hatte in seiner Schöpferkraft wieder Neues erfunden. Ihn beunruhigte vielmehr, wie lange die Ruhe ohne ihn bei den Menschen leben könnte. Er kannte ja beide. Beide hatte er füreinander geschaffen, die Ruhe für die Menschen und die Menschen für die Ruhe. Aber die Menschen würden rascher zugrunde gehen als sie. Das durfte trotz allem nicht geschehen. So zog er in seiner Unruhe der geraubten Ruhe heimlich nach. Da er ihr nicht mit Ruhe helfen konnte, belebte er sie mit seiner schöpferischen Unruhe. Er hatte sich hinter den Kindern und Studenten versteckt, um die Gewissen zu beunruhigen und zu neuen Fragen aufzurütteln. Aber als Gewalt und Chemie Ruhe und Ordnung wiederherstellten, wich er zurück. Er wollte keine Menschen gefährden, nur um im Recht zu bleiben.

Ein einziger Ort blieb ihm übrig, an den er sich zurückziehen konnte. Es war zugleich der einzige Ort, an dem die Menschen es noch gestatteten, daß Gott und die Ruhe miteinander verbunden waren. Das war der Friedhof. Hierher wurden die Menschen zur letzten Ruhe gebracht. Und wenn dabei auch niemand von Gott redete, verwehrte man es doch niemandem, an ihn zu denken. Um die Ruhe der Toten sorgte sich keiner – man hatte sich genug um das bißchen Lebensraum der eigenen Ruhe zu sorgen –, also konnte man sie unbeschadet Gott überlassen. Hier war er ganz ungefährlich. Dahin zog sich Gott zurück und wartete.

Er mußte nicht lange warten. Als die Menschen immer weniger Ruhe hatten und immer mehr in ihr gelassen sein wollten, nahm das Schweigen zwischen ihnen überhand. Es war ein böses Schweigen, das nur Abgründe zwischen ihnen aufriß. Da suchten viele lieber das leere Schweigen bei den Toten. Sie spazierten einzeln oder in Grüppchen zwischen den Gräbern und genossen das Schweigen oder das Leben.

Eines Tages schlenderten einige junge Männer durch den Friedhof und kamen dabei zu der Stelle, an der die Abfallgrube lag. Einer von ihnen, der ein Spaßvogel war, stocherte in den Abfällen herum und fischte ein Stück Holz heraus. Es war der obere Teil eines alten Grabkreuzes. Auf dem Holz war zu lesen: »Hier ruht in Gott.« Sie lachten, als sie es lasen. Der junge Mann aber steckte das Holz ein und nahm es mit sich nach Hause.

In jener Nacht schlief er tief und ruhig. Er war am Morgen verwundert, daß er ohne Beruhigungsmittel so gut geschlafen hatte. Er packte das Holzstück ein und nahm es zur Arbeit mit. Spaßeshalber hängte er es außen an die Türe seines Arbeitszimmers. Wer vorüberging und es sah, lachte. Einer wollte das Wörtchen »in« auskratzen, so daß die Inschrift gelautet hätte: »Hier ruht Gott.« Da rief der junge Mann erregt: »Laß die Finger davon!« Sie schauten ihn verwundert an und lachten unruhig. Er hängte das Holz ab und steckte es in seine Tasche.

Am Abend legte er es neben sich auf das Kissen. Etwas beunruhigte ihn. Das Stück des Grabkreuzes störte und fesselte ihn zugleich. Da er nicht einschlafen konnte, griff er nach der Schachtel mit den Beruhigungsmitteln. Aber in seiner Erregung warf er sie zu Boden. Eine unbekannte tiefe Unruhe ergriff ihn. Er nahm das Holz in die Hand und flüsterte plötzlich: »Gott, ich möchte auch in dir ruhen.« Da strömte etwas Seltsames in sein Inneres, wühlte ihn auf, sog ihm etwas weg und kam als überströmendes Glücksgefühl in ihn zurück. Und ihm war, als hörte er eine Stimme, die sagte: »Ich, ich will euch Ruhe geben.«

Übernächtigt und glücklich ging er am Morgen zur Arbeit. Im Laufe des Tages kam ein Kamerad und bat ihn überraschend um das Holz. Er gab es ihm zögernd, indem er ihn warnte: »Paß auf. Du kannst Merkwürdiges damit erleben.« Der fragte: »Mit diesem Stück Holz?« Er sagte: »Nein, aber mit dem, was hinter ihm steckt.«

Er kam erst nach drei Tagen zurück und legte das Holz strahlend auf den Tisch. Sie standen schweigend einige Minuten da, als ob sie auf jemanden horchen wollten. Dann sagte der junge Mann: »Kannst du am nächsten Sonntag freinehmen? Wir könnten uns auf dem Friedhof treffen oder in einer verfallenen Kirche. Ich glaube, daß viele von dieser Ruhe leben werden.«

Und so begann nochmals eine Zeit, in der Gott die Ruhe wieder in seiner Hand hat und sie aus seinem unerschöpflichen Vorrat denen gibt, die unruhig genug sind, ihn darum zu bitten.

Die Legende von der Verzweiflung

Als Jesus in der Krippe lag, drängte sich unter den vielen Menschen, die ihn sehen wollten, auch eine düstere Gestalt hinzu. Alle, die sie sahen, wichen erschrocken zurück und bedeckten ihre Augen. Sie kannten sie aus ihren schmerzlichsten Stunden und hatten ihretwegen schon viel gelitten. Es war die Verzweiflung. Niemand hatte erwartet, daß gerade sie an den Anfang dieses hoffnungsvollen Lebens treten würde. Doch keiner wagte sie zurückzuweisen. Niemand wollte an ihren schwarzen Mantel rühren. So schritt sie ungehindert zur Krippe und beugte sich über sie. Entsetzt hielt Maria abwehrend die Hände über das Kind. Aber die Verzweiflung schaute nur stumm auf das Kind und sprach dann: »Wir werden uns wiedersehen.« Dann wandte sie sich um und ging.

Sogleich drängten alle zur Krippe, damit sie mit ihren Gesichtern den Eindruck dieses andern Gesichtes verscheuchen könnten. Es war aber, als ob das Kind durch sie alle hindurch auf etwas anderes schauen würde.

Dreißig Jahre später wanderte Jesus durch das Land. Wo er hinkam, sah er kranke, abgekämpfte, schuldbeladene und mutlose Menschen. Er fühlte Erbarmen mit ihnen und fing an, ihnen zu helfen. Er heilte Kranke, er stärkte die Müden, er vergab den Schuldbeladenen und ermunterte die Hoffnungslosen. Es war, wie wenn eine neue Luft sie umweht hätte. Und alle begannen wieder aufzuatmen.

Als er eines Tages wieder von einer großen Volksmenge umgeben war, schob sich eine düstere Gestalt dazwischen. Sie trug einen durchlöcherten Mantel und drängte mit spitzen Händen die Menschen zur Seite, bis sie vor ihm stand. Da erkannten die Menschen sie. Einige wollten fliehen, einige wollten Jesus wegziehen. Er aber blieb stehen und schaute sie ruhig an. Sie sprach: »Warum greifst du in mein Reich ein und störst meine Herrschaft?« Er aber antwortete: »Es ist dir keine Herrschaft über die Menschen gegeben. Sie gehören Gott und seiner Liebe.« Da lachte die Verzweiflung und sprach: »Du hast meinen Mantel durchlöchert, du hast ihn aber nicht zerrissen. Dir aber werde ich alles entreißen. Wir werden uns bald wiedersehen.« Dann wandte sie sich um und ging. Sogleich drängten sich alle zu ihm und berührten ihn von allen Seiten. Er aber sah in ihre Gesichter und erkannte, daß er den Menschen gegen die Verzweiflung beistehen mußte, solange er lebte. So trug er Tag und Nacht ihr Bild in sich.

Und es kam die Nacht, in der er verraten wurde. Aus der Schar derer, die auf ihn zukamen, löste sich eine Gestalt, trat auf ihn zu, sagte mit erstickter Stimme »Rabbi!« und küßte ihn. Als Jesus von den Lippen Judas´ berührt wurde, spürte er, daß von ihnen etwas auf ihn übergegangen und an seinen Lippen haftengeblieben war. Judas hatte ihn mit seiner Verzweiflung angesteckt. Kein Mensch konnte ihn mehr davon befreien. Da verließen ihn alle und flohen. Nur die Verzweiflung ging mit ihm.

Als er in seiner bittersten Stunde allein war, wollte er zu Gott schreien. Aber nichts kam von seinen Lippen, als was darauf lag, der verzweifelte Ruf: »Mein Gott, mein Gott, warum hast du mich verlassen!« Und er starb.

Da lachte die Verzweiflung laut auf. Sie hatte gewonnen. Sie erhob sich triumphierend bis zur Sonne und verdunkelte sie und ließ sich tief unter die Erde fallen bis ins Totenreich. So trat sie ihre Herrschaft über alle an.

Aber als sie zuunterst im Tod und im Nichts angekommen war, hörte sie aus der Tiefe einen Schrei: »Mein Gott, mein Gott, warum hast du mich verlassen!« Am untersten Rand der Verzweiflung lag der Gekreuzigte und füllte mit seinem Schrei nach Gott die tiefste Gottverlassenheit aus.

Seither hat die Verzweiflung keinen letzten Ort mehr. Sie irrt in der Welt umher und vermag wohl überall und immer wieder Menschen zu schlagen und niederzuwerfen. Aber sie vermag keinesfalls mehr, Gott von den Menschen zu trennen.

Die andere Versuchung

I.

Es war jetzt kaum mehr möglich zu fliehen. Die Soldaten hatten ihn zwar nur locker an eine Säule gebunden, ihre Geißelhiebe genügten, ihn festzuhalten. Aber eine Hoffnung, daß dennoch etwas geschehen könnte, züngelte noch immer in ihm. Vielleicht hatten sich seine Jünger nur abgesetzt, um seine Befreiung vorzubereiten und schlichen irgendwo in der Nähe herum. Wohin könnte er fliehen? Seine alte Heimat kam nicht in Frage, er wollte niemanden in Gefahr bringen. Er konnte sich nur bei den Zeloten verstecken. Es waren gute Leute darunter, einige von ihnen hatten sich ihm angeschlossen. Doch die Mehrzahl hatte sich empört abgewandt, als er das Glück der Sanftmütigen und Friedensstifter pries. Das konnte er nicht widerrufen, um dafür bei ihnen in Sicherheit zu sein. Sonst würde er alle enttäuschen und verraten, die mit ihm auf eine gewaltlose Welt gehofft hatten. Vielleicht hatten ein paar Funken dieser Hoffnung weiter geglüht, und sie durfte er mit einer Flucht nicht austreten.

Die Hiebe prasselten auf Rücken und Beine. Ihm wurde schwarz vor Augen. Aber etwas in ihm sah, und er sah eine Schar von Menschen, die so lebten wie er. Sie litten und schlugen nicht zurück, sie wurden gequält und verfluchten ihre Peiniger nicht, und ihre Augen leuchteten, bis sie brachen. War dies der Anfang derer, die einst mit Sanftmut die Erde besitzen sollten? Er wollte dankbar ein wenig aufatmen und sich aufrichten, da traf ihn ein Schlag auf den Kopf, und ihm war, würde er weit weggeworfen. Eine spöttische Stimme sagte: »Ja, sie besitzen die Erde – und wie! Sieh nur!«

Und er sah ein anderes Bild. Soldaten zogen zu Feld. Priester gingen ihnen voran und sangen Lieder, in denen sein Name und der seiner Mutter vorkamen. Auf ihren Kleidern trugen sie das Zeichen des Kreuzes. Plötzlich schrien sie laut auf und gingen mit

Lanzen und Schwertern gegen andere vor, die ihrerseits Kreuzes- oder andere -zeichen trugen oder auch nur nackt, dunkel und unbewaffnet ihres Weges gingen. Die Priester schrien im Namen Gottes und seines Sohnes. Welcher Wahn leitete diese Männer, welcher Gott und welcher Sohngott gaben ihre Namen für dieses Gemetzel her?

»Du bist es«, lachte es höhnisch hinter ihm. Die Stimme war ihm bekannt, lange hatte er sie nicht mehr vernommen, die böse Stimme aus der Wüste. Sie war schlimmer als Schläge und Geißelhiebe und drang tiefer ein als sie. »Du bist es. Dich meinen sie. Dich verehren sie, und sie verehren dich blutig. Deine Anhänger besitzen und beherrschen das Erdreich und führen um seine Aufteilung im Namen des Glaubens und der Liebe grausame Kriege. Ich habe dich damals gewarnt. Ich habe dir auf dem Berg die Macht über die Welt angeboten. Du hättest sie nach deinen Sehnsüchten und Absichten gestalten können und hättest den Menschen ein Meer von Blut erspart. Vor die Wahl zwischen Freiheit und Glück gestellt, hätten sie sich für das Glück entschieden und wären in deinem und meinem Namen ein Leben lang selig gewesen. Du hast ihnen das bißchen Glück nicht gegönnt. Du glaubtest in der Tiefe ihrer Herzen den Seufzer nach Freiheit zu hören und hast ihr Geschwätz vom freien Willen für bare Münze genommen. Jetzt sind sie bitterer und böser als je. Sie haben von dir nur gelernt, daß die Ohnmacht verliert und die Macht gewinnt. Nach einer kurzen Zeit der Betäubung durch dein Leiden und nach einer noch kürzeren Zeit der Selbstaufopferung haben sie entdeckt, daß der Gott der Ohnmächtigen selber ohnmächtig ist, aber der Gott der Mächtigen ein allmächtiger Gott. Ihm haben sie auch dich unterstellt, weil du als hilfloses Opfer ihre Machtgelüste am schönsten verbrämst und am leichtesten versteckst. Diesen Menschen hast du mehr getraut als mir! Geh und stirb und herrsche als ihr Abgott oder geh und herrsche und laß andere für dich sterben! – Was starrst du so? Es gibt in diesem Dschungel der menschlichen Herzen nichts Neues zu entdecken!«

Doch er starrte und lauschte. Und er sah, wie mitten im Gemetzel Verwundete versorgt und weggetragen und Fliehende versteckt wurden. Er sah, wie Frauen fremde Kinder aufnahmen und sie in den Schlaf trösteten. Er sah, wie Arme mit noch Ärmeren das Brot teilten und Erschöpfte getränkt wurden. Er lauschte in das Dickicht von Gewalt und Unrecht hinein und hörte die Schreie der Eingesperrten und Gefolterten so nahe, wie wenn es seine eigenen wären. Und mitten drin vernahm er ein Seufzen: »Ich will aushalten, wie du es getan hast. Ich will niemanden verraten. Keiner soll meinetwegen umkommen.« Und mitten in Klage und Verzweiflung eine Gewißheit: »Es ist nicht umsonst, wofür ich kämpfe. Und wenn ich dabei zugrunde gehe, es ist nicht sinnlos, die Gerechtigkeit wird siegen. Ich bin ein Glied in einer langen Kette, die bei dir anfängt und nie mehr abbrechen wird.« Und ob der Stille dieser Zuversicht war das laute Höhnen aus der Wüste nicht mehr zu hören.

Er kam wieder zu sich, als sie ihm einen Kranz aus Dornen in die Stirne und einen Balken in den Nacken drückten. Er wußte, daß auszuhalten war, was auf ihn zukam, und daß es richtig war. Er war in dieser fürchterlichen Welt nicht allein.

II.

Sie hatten ihn am Fuß des Kreuzes auf den Boden gelegt und befestigten ihn am Querbalken. Tak – tak – tak – schlug der Hammer und trieb ihm einen Nagel durch das Handgelenk. Der Schmerz schnürte ihm die Kehle zu, ihm war zum Erbrechen. Daß der Mensch ein so enges und elendes Bündel von Nerven sein muß, daß in seinem Leib alles mit allem zusammenhängt! Es war unerträglich, und es gab keinen Schlupfwinkel für die geplagte Seele. Sie litt mit dem Leib, und der nahm ihren Schmerz wieder auf und verdoppelte ihn. Er litt wie ein Tier – ja, daran lag es. Wer einen Menschen peinigt und schändet, erniedrigt ihn zum Tier. Er nimmt ihm die Würde, über Leib und Seele und das eigene Leben selber zu entscheiden. Das war das wunderbare und schreckliche Geheimnis des Schöpfers. Er hatte ein Ganzes geschaffen, nur das Ganze konnte geliebt, bewundert, geachtet oder verletzt, verfolgt und geschändet werden. Woher nahmen Menschen nur den Mut, die Seele abzusondern und wie ein Juwel irgendwo im Leib oder außer ihm wegzuschließen? Nein, der Schmerz war grauenvoll und ging durch Mark und Bein. Als er übermächtig wurde, verlor er das Bewußtsein.

Aber was war denn in ihm wach? Er stand auf und befand sich in einem prachtvollen Saal. Die Wände waren voll von reichen Bildern mit schön dargestellten Menschen. Eines nahm ihn besonders gefangen. Ein Mann hing in heldenhafter Pose an einem Kreuz. Sein Körper war muskulös, jeder Teil paßte zum andern und zum Ganzen. Er war zum Greifen lebendig. Es störten nur ein paar Blutstropfen an der Stirne und an Händen und Füßen, sonst hätte man meinen können, der Mann habe sich absichtlich zur Schau hingestellt, um bewundert zu werden. Er ging näher und entdeckte eine kleine Tafel, auf der stand: »Kreuzigung Jesu«. Gab es noch andere, die so hießen und gekreuzigt worden waren? Doch dann sah er am unteren Bildrand die Gesichter einer mütterlichen Frau und eines verzweifelten Freundes. Richtig, da stand zu lesen »mit Maria und Johannes«. Sie weinten. Sie weinten um ihn. Er mußte es sein. Wo war er? Was für eine Zeit, was für eine Welt war das, in der Bilder von Hingerichteten zur schönen Betrachtung aufgehängt wurden? Gab es vielleicht überhaupt kein Leiden mehr, so daß man es aus ferner Erinnerung als Mahnmal für schlimmste Menschenverachtung heranholen mußte? Oder war sein Leiden zur Schau geworden, weil man das wirkliche Leiden um sich herum nicht ertrug, es in Schönheit verwandelte und als fremdes Leid genußvoll zur Kenntnis nahm?

Er ging einige Schritte zur Seite und befand sich plötzlich mit Kranken, Gebrechlichen und Aussätzigen in einem ganz anderen Raum. Sie humpelten und krochen zu einem Bild hin, auf dem ein vielfach durchbohrter und blutender Mann mit verzerrtem Schmerzensgesicht zu sehen war, und murmelten: »Jesus, du Mann voller Schmerzen, sieh auf meinen Schmerz und hilf mir! Du hast bis aufs Blut gelitten, du kennst Angst und Elend. Sieh auf meine Wunden, hilf mir und mache mich gesund!« Dieser Bitte hatte er nie widerstehen können, er schluchzte auf – und bekam ein wenig Luft in die gepreßte Kehle unter dem Balken. Noch immer hämmerte es an seinen Handgelenken, und wieder übermannte ihn der Schmerz und trug ihn weg.

Oh, das tat gut. Ihm war, er schwebte wie von Schwingen getragen wohlig und schmerzlos und eingehüllt von Tönen, die ein Irdischer noch nie vernommen hatte. Der ganze Raum war voller Musik und menschlicher Stimmen, sie sangen und spielten eine innige und ergreifende Melodie, die man einmal hörte und nie mehr vergaß. So mußte es im Himmel sein. Wer so etwas ersinnen, spielen und singen konnte, mußte gewiß ein reines Gemüt und eine tiefe Seele haben und war wohl auch mit der Trauer vertraut. Das konnte man sogar singen, wenn es einem ums Weinen war. Was sangen sie denn? Es schien sich um einen Gefangenen zu handeln, der ohne ein Wort zu verlieren für andere in den Tod ging. Kein Platz für einen Schrei. Aber schön war, was sie sangen. Jetzt kam eine Bitte, die kannte er doch von irgendwoher. Dem Dirigenten schien sie aber nicht zu gefallen. Er klopfte ab tak – tak – tak – und rief: »Das Kyrie eleison ist immer noch zu hart. Es muß zart von unten her wachsen und sich entfalten. Also ein weiteres Mal, bitte!« Auf einmal wußte er, woher er die Bitte kannte. So hatte doch der blinde Bettler von Jericho geschrien: »Erbarme dich meiner!«, und er hatte sich durch keine Drohungen der Umstehenden davon abschrecken lassen, immer weiter zu schreien: »Erbarme dich meiner!«, bis er gesund geworden war – der letzte Geheilte vor seiner Verhaftung. O dieses wunderbare Gekrächze des zahnlosen Bettlers von Jericho – noch immer klang es in seinen Ohren nach wie Musik: »Erbarme dich meiner«. Kyrie ... Wieder wurde geklopft tak – tak – tak.

Er erwachte und fühlte den letzten Schlag des Hammers an seiner Hand. Das Blut rann von den Gelenken. Der ganze Leib brannte. Nein, dieser schönheitsdurstigen Welt wollte er nicht Farben und Töne und tiefe Gefühle liefern, nur damit sie die brutale Wirklichkeit nicht zu sehen, zu hören und zu spüren brauchte. Er wollte die Nägel lockern und sich losreißen. Je mehr er riß, desto größer wurden die Wunden. Da hörte er die Stimme der Elenden vor dem Schmerzensbild und den Schrei des Bettlers von Jericho. Und er wußte, er konnte nur einer von ihnen sein, wenn er sein Leid und sein Ende auf sich nahm und in ihr Leid und Elend einging.

III.

Es tat gut, beim Sterben nicht ganz allein zu sein. Er konnte zwar keinen der beiden Mitgekreuzigten berühren, so wenig sie es vermochten. Vielleicht hätten sie es auch nicht gewollt. Was er von ihren stumpfen Worten verstand, klang abschätzig. Sie erwarteten nicht eine mitfühlende Hand, sondern eine, die sie mit einem einzigen Griff von allen Folgen ihres verfehlten Lebens befreite. Aber war es je anders gewesen? Stets erwarteten Menschen von ihm eine helfende und heilende Hand, um nicht die eigene anlegen zu müssen. Hörte es nie auf? Er schloß vor Weh und Schwäche die Augen.

Als er sie wieder auftat, sah er sich umringt von einer unüberschaubaren Menschenmenge. Sie sangen Lieder in allen Sprachen, priesen ihn für sein Leiden und Sterben, warfen sich nieder und riefen: »Gelobt seist du Gottmensch, der Gott und Menschen vereint! Du machst Gott sichtbar und erhebst uns in göttliche Höhen. Du bist es, auf den alle gewartet haben, und erfüllst alle unsere Hoffnungen. Du bist der große Helfer, der alles für uns tut und gibt, was wir brauchen. Du füllst aus, was uns fehlt, und machst gerade, was wir krumm gemacht haben. Du bist die Antwort auf alle unsere Fragen und Nöte und hast mit deinem Sterben alles in Ordnung gebracht. Du Retter der Welt, segne uns und beschütze unsere Häuser und Völker!«

Er wollte etwas sagen, aber er konnte nicht reden. Er keuchte nur: »Mein Gott.« Hoffentlich verstand er ihn. Das hatte er doch nicht versprochen und schon gar nicht in Anspruch genommen. Aus welchen Löchern und Lücken des menschlichen Herzens war dieses Gewebe gewoben? Was hatten sie denn bei ihm gesehen, als er bei ihnen das verschüttete Vertrauen zu Gott und zueinander freilegte und sich mit ihnen freute, daß seine Sonne über Guten und Bösen aufging? Er hatte sie doch nur ermutigt, das Leben neu zu wagen, auch auf die Gefahr hin, enttäuscht zu werden. So war Gott geheimnisvoll und kein Allerweltsversprechen. Sie wollten gar nicht miteinander Menschen vor Gott sein, sie suchten einen Ersatzmenschen für ihr unmenschliches Leben und einen Ersatzgott für den verlorenen Himmel. Nein, das konnte es doch nicht gewesen sein. Er mußte nochmals beginnen und es ihnen noch einfacher und verständlicher sagen und Wege ersinnen, mit denen er ihre Herzen unmittelbarer erreichen könnte. Nein, nein, jetzt nicht sterben, jetzt erst recht ins Leben zurücksteigen, nicht um seinet-, sondern um Gottes und der Menschen willen. Er raffte die letzte Kraft zusammen, um Gott darum zu bitten, und stieß aus gepreßter Lunge hinaus: »Mein Gott!«

Da vernahm er vom Rand der großen Menge her die Stimme einer Frau. Auch sie dankte, aber sie sprach: »Jesus, ich bin traurig, daß du so geendet hast und viele so enden wie du. Offenbar kann es in dieser Welt nicht anders gelingen. Aber ich bin dankbar, daß du so zu Ende führst, was du angefangen hast. Du bist bis zuletzt, wie du gelebt hast. Deine Worte und dein Leben decken sich. Das ist deine Wahrheit. Auch die, welche nicht an dich glauben, wie man meint glauben zu müssen, trauen deiner Wahrhaftigkeit. Du bist offen wie keines von uns. Du bist der heimliche Halt derer, die sich an nichts mehr halten mögen. Dein Tod deckt sich mit deinem Leben, aber er deckt es nicht zu. Davon leben viele von uns. Das ist unser Dank.«

Als er die Stimme suchte, sah er, daß sie sich auf viele andere Stimmen verteilte. Wie ein Wurzelgeflecht zog sie sich durch die Menge und untergrub die mächtigen Gesänge. Nein, es lag nicht an ihm, nochmals zu beginnen. Er würde doch nie an ein Ende gelangen, weil immer andere Menschen kamen, die ihren Weg suchten. Er mußte darauf vertrauen, daß die Frucht aufging wie bei einem Weizenkorn, das in die Erde gelegt wird und sterben muß, um Frucht zu bringen.

Aber daß das Sterben so mühsam und schmerzhaft sein mußte! Der Leib war eine einzige Wunde und nichts als ein blutiger Schrei. War Röcheln auch ein Gebet? Wieder fiel der Kopf vornüber, und er schaute und hörte zum letzten Mal in die Welt.

Aber er sah nur noch sterbende Menschen. Diesmal waren es lauter Angehörige aus seinem Volk: Kinder, Greise, Frauen, Männer. Er sah sie verteilt über die Welt, und wo sie auch waren, wurden sie von seinen Anhängern gejagt, gepeinigt und umgebracht. Und doch ließen sie von ihrem Glauben nicht ab. Ohne zu begreifen, was mit ihnen geschah, und ohne zu wissen, was aus ihnen würde, vertrauten sie dem Gott ihrer Väter. Sie suchten keine Antwort auf ihre stumme Frage: Warum. Gott war ihre Antwort, auch wenn er ihnen keine gab. Und ob er nach dem Tod antworten würde oder nicht, war seine Sache. Sache der Menschen war, sich ihm in Erinnerung zu rufen und ihn und sich bis zuletzt nicht in Ruhe zu lassen. Und da war auf einmal die Stimme seiner Mutter, die ihm als Kind einige Worte aus dem Gebet eines leidenden Menschen vorgesprochen hatte. Sie waren noch da, und er hörte, wie sie tausendfach von überall her aufgenommen wurden und an sein Ohr drangen, die Klage und die Verzweiflung und der öffnende Schrei. Sie drangen in ihn ein, füllten seinen Leib und seinen Mund, und er preßte mit der letzten Kraft hinaus: »Mein Gott, mein Gott, warum hast du mich verlassen?«

Das geheilte Ohr

Legende zu Lukas 22,49-51

Erst allmählich komme ich zu mir und kann zusammenhängend erzählen, was mit mir in jener Nacht in Gethsemane geschah, als mir das Ohr abgeschlagen und wieder angesetzt worden ist. Das Ganze dauerte nur wenige heftige Pulsschläge, und ich hätte es als lästigen Zwischenfall, der glücklicherweise gut ausgegangen ist, abtun können, wenn nicht anderes bei mir hängengeblieben wäre. Die paar Augenblicke faßten wie in einem Traum, der nur ganz kurz ist und doch das Wichtigste enthält, mein bisheriges Leben zusammen. Wenn ich daran zurückdenke, wird mir noch jetzt warm ums Ohr. Alles verstehe ich auch noch nicht, aber was im Licht des alles entscheidenden Augenblicks aus dem Dunkel zum Vorschein kam, zeigt mir genug. Doch ich will der Reihe nach erzählen.

Ich tat damals Dienst bei der Tempelpolizei. Das ist keine militärische Truppe, das erlaubten die Römer nicht, sie ist dem Hohenpriester unterstellt und sorgt für Ordnung und ungestörten Ablauf der kultischen Anlässe. Es gilt darauf zu achten, daß kein Heide die Grenze des äußeren Vorhofs, die durch Warnschilder gekennzeichnet ist, überschreitet. Laute und wüste Auftritte von einzelnen oder undurchsichtige Zusammenrottungen von vielen müssen sofort erkannt und aufgelöst werden. »Ihr erfüllt eine ebenso wichtige und heilige Aufgabe wie die Priester!« sagten uns die Vorgesetzten immer wieder und beriefen sich auf die Heiligkeit des Ortes und die Gegenwart Gottes. Nach großen und anstrengenden Festen kam sogar gelegentlich der Hohepriester zu uns, lobte uns und nannte uns mit den übrigen Tempeldienern »Hüter und Wächter des göttlichen Willens und seiner Gebote«. Das hörte ich gern, nicht nur meinetwegen, sondern wegen meiner Eltern. Als arme Bauern des Südens hatten sie mir nichts mitgeben können, aber sie hatten mir von klein auf den Gehorsam beigebracht, so daß er mir in Fleisch und Blut übergegangen war. Ich lernte auf die Verbote der Eltern zu hören wie auf die Gebote Gottes und auf seinen heiligen Willen wie auf den der Eltern. Als ich später zur Tempelpolizei kam, war es mir ein leichtes, mich unterzuordnen. Mein Gehorsam war eingespielt und diente einer großen, sichtbaren und unsichtbaren Sache, die verständlich geordnet und übersichtlich geregelt war. Da brauchte es weder viele Worte noch eigene Gedanken, die Befehle waren knapp und klar. Ich hatte nichts anderes zu sagen als »Verstanden!« und »Zu Befehl!«. Ich gehorchte und schwieg und verstummte auch in den paar freien Stunden.

Dafür wurde ich immer hellhöriger und scharfsinniger im Wahrnehmen von verdächtigen Geräuschen und Stimmen. Man konnte nicht vorsichtig genug sein. Ich registrierte aufrührerische Worte und das Summen von verschwörerischen Stimmen, die andere gar nicht vernahmen. Ich hörte nicht nur, was gesagt, sondern auch das, was nicht gesagt wurde und doch plötzlich laut durchbrechen konnte. Man kann das Vorfeld der Aufmerksamkeit nicht weit genug ausdehnen, um größeres Unheil zu verhüten. Im Dienst der Machthaber und Ordnungshüter muß man auch das Nichtgesagte und Nichtgehörte hören, nur so kann man der stets drohenden Gefahr vorgreifen. Zuletzt war ich so geschult, daß ich das Gras zwischen den Steinplatten auf dem Vorhof des Tempels wachsen hörte. Meine Vorgesetzten, meine Eltern, Gott selber konnten stolz auf mich sein.

Ich begriff deshalb sogleich, um was es ging, als man uns befahl, jenen gefährlichen Mann aus Nazareth mitsamt seinen Kumpanen rechtzeitig zu beobachten, zu stellen und zu verhaften. Die Tage um Passah sind ohnehin immer gefährlich und nur mit größter Mühe unter Kontrolle zu halten. Da durfte man nicht zusätzliche Schwierigkeiten aufkommen lassen. Dieser Mann war aber darum besonders gefährlich, weil er nicht so aussah, vielmehr harmlos und friedlich wirkte. Nicht einmal ich hatte gespürt, wie unberechenbar und heftig er sein konnte, als er kurz vorher mit einigen Anhängern in den Tempel gekommen war, bis er plötzlich anfing, die, welche im Tempel verkauften und kauften, hinauszutreiben, das Geld der Wechsler auf den Boden zu schütten und ihre Tische umzuwerfen. Er soll sogar aus Stricken eine Geißel gemacht und geschwungen haben. Es traf mich hart, daß ihm gegenüber meine Witterung vor kommender Gefahr versagt hatte. Irgend etwas in mir hatte für einen Moment meinen Instinkt ausgeschaltet, und als ich eingreifen wollte, war es zu spät; da kam Befehl von oben, ihn laufen zu lassen. Das wollte ich wiedergutmachen, und die kurzen Befehle »Sucht, verhaftet, fesselt ihn und bringt ihn hierher!« mußten mir nicht wiederholt werden. Endlich hatte man oben doch gemerkt, daß er mehr als einer der religiösen Schwärmer war, die zwar auch gefährlich, aber meistens naiv sind und die Ordnungen der Religion und des Staates nicht ernsthaft erschüttern. Aber einer, der Geldtische umwirft, wirft zuletzt auch Opfertische um und setzt sich am Ende an die Stelle Gottes. Den muß man rechtzeitig und vorzeitig aus dem Verkehr ziehen. Die Sicherheit der göttlich gesetzten Ordnung von Himmel und Erde stand auf dem Spiel.

Wir marschierten bei Einbruch der Nacht in ordentlichen Reihen zu einem Garten, zu dem uns einer von ihm anführte. Dort verteilten wir uns befehlsgemäß, um ihn und seine Anhänger einzukreisen. Ich geriet zufällig in die nächste Nähe dessen, der gesucht und von dem, der uns angeführt hatte, mit einem Kuß markiert wurde. Er und die andern machten mir zwar nicht den Eindruck von Aufrührern, sie wirkten eher ängstlich, schläfrig und verwirrt, aber das konnte Verstellung sein. Denn nach dem Kuß waren sie plötzlich zum Angriff bereit. Sie warteten nur auf sein Kommando, als sie fragten: »Herr, sollen wir mit dem Schwert dreinschlagen?« Ich achtete scharf auf sein Zeichen, um sogleich parieren zu können. Aber bevor er es noch gab, spürte ich jäh einen Schlag auf mein rechtes Ohr und einen stechenden Schmerz. Ich heulte auf, ließ die Waffe fallen, griff nach dem Ohr, fühlte Blut an den Fingern und merkte, wie die Ohrmuschel niederhing und baumelte. Noch nie im Leben war ich so ganz Ohr gewesen wie damals, als es nicht mehr ganz war. Mein Leben sammelte sich in dieser Wunde und diesem Schmerz.

Er mußte mitten im Tumult meinen Schrei gehört haben. Ich sah, wie er etwas sagte und seine Anhänger zurückdrängte. Dann stand er vor mir, griff nach meiner Hand am Ohr, öffnete sie vorsichtig, berührte meine Ohrmuschel, setzte sie an, strich mit der Hand über die Wunde, streichelte sie, wie meine Mutter es getan, wenn es mich am Ohr geschmerzt hatte – weg war der Schmerz. Er schaute mich an, wie wenn er mich um Vergebung bitten möchte für das, was einer von den Seinen mir angetan hatte, und wandte sich seinen Verfolgern zu. Es ging alles so schnell, daß ich es kaum recht erzählen kann, es folgten so hart aufeinander Schmerz und Heilung, Gewalt und Liebe, Tod und Leben. Ich griff nach dem Ohr, um sicher zu sein, daß es wirklich fest saß. Es saß fest, kein Tropfen Blut sickerte durch. Nichts tat weh, es war warm, aber ganz. Es war wie in einem Traum. Durch den Nebel des eben Erlebten nahm ich nur unklar auf, was mit ihm geschah. Er wurde von meinen Kameraden festgehalten und gefesselt, er wehrte sich nicht. Von seinen Gefährten sah ich keinen mehr; auch der, der mir das Ohr abgeschlagen hatte, war verschwunden.

Auf dem Rückmarsch war ich immer noch benommen. Ich mußte nicht nur fortwährend ans Ohr greifen, ich hatte auf einmal so vieles und Ungewohntes zu überlegen. Ich hatte schon lange nicht mehr selbständig gedacht, sondern nur Befehle bekommen, gehorcht und andere ausgehorcht. Nun mußte ich mich mit mir beschäftigen. »He«, rief einer meiner Kameraden und stieß mich mit dem Ellenbogen in die Seite, »kannst du nicht im Schritt marschieren, du bringst uns aus dem Takt. Und wo ist deine Waffe?« Ich ordnete meine Füße in Schritt und Tritt ein, aber antwortete nicht. Es dauerte nicht lange, und wir waren vor dem Palast des Hohenpriesters angelangt. Der Kommandant ließ uns mit dem Verhafteten antreten und meldete dem Hohenpriester: »Befehl ausgeführt! Keine Zwischenfälle!« Dann ließ es uns mit Ausnahme einiger, die den Verhafteten in den Palast führten, abtreten.

Ich ging weder in den Eß- noch in den Schlafraum. Ich mußte allein sein. Ich verkroch mich in eine stille Ecke und konnte endlich ruhig und langsam über alles nachdenken. Ich hielt meine Hand ans Ohr, um mich zu erinnern. Komischerweise kam mir zuerst ein Satz aus der Kindheit in den Sinn: »Wer nicht hören will, muß fühlen.« Wie oft hatten mir das die Erwachsenen gesagt, sie hatten mir damit gedroht und es auch ausgeführt, ich fühlte es noch in meinem Leib. Auf diese Weise hatte ich hören und gehorchen gelernt. Aber – das stimmte doch nicht mehr. Der, der mich geheilt hatte, hatte es anders gehalten. Er ließ mich seine Güte fühlen, und seither kann ich wieder hören. Der andere, der mich geschlagen hatte, der war zwar einer von seinen Anhängern, aber der handelte auch nach dem alten Grundsatz und ließ mich sein Schwert fühlen. Für den war ich ein Feind, den man treffen muß; ich hätte auch so gehandelt, wenn er mir nicht zuvorgekommen wäre. Der hätte meinen Schlag zu fühlen bekommen! Aber er, er war nicht so. Er hatte auch gar kein Schwert. Darum hatte er die Hände frei, um mich zu heilen. Und übers Ohr zu streicheln. Das fühlte ich noch. Das saß tiefer als der Schmerz. Wo saß dieses Gefühl in mir? – Ja, natürlich, nicht nur, wenn es mir weh tat, streichelte mir die Mutter das Ohr. Sie hat es lange, lange vorher getan, wenn sie mich am ganzen Kopf und Leib streichelte und mir freundliche Worte gab, die ich noch gar nicht verstand. Ich fühlte ihre Liebe, hörte ihr Plaudern und war selig. Ich fühlte sie hörend und hörte sie fühlend. Da war beides beisammen. Das war wie bei ihm. Er muß eine gute Mutter gehabt haben.

Wann war das denn auseinandergefallen, das Fühlen und Hören, so daß sie Gegensätze und schließlich gegeneinander ausgespielt wurden? Was hatte diesen Bruch herbeigeführt? Später wurde ich gezwungen zu hören und zu gehorchen. Manchmal fühlte ich zwar etwas anderes in mir, als was man mir beibrachte, aber allmählich verlernte ich es, auf mein Gefühl zu hören, und gehorchte nur noch. Zuletzt gehorchte ich gefühllos und handelte so, wie man es mir befahl. Wie hat er es denn gemacht, daß bei ihm beides beisammenblieb? Er galt als Aufrührer, er war ungehorsam. Er handelt nicht nach den Befehlen der andern. Worauf horchte er? Hörte er nach innen, vernahm er die Stimme der innersten Gefühle? Ich hatte zwar auch eine Stimme des Gewissens. Aber sie deckte sich mit dem, was man mir befahl, und wenn ich davon abwich, bekam ich ein schlechtes Gewissen. Er schien ein anderes Gewissen zu haben, eines, das ihm sagte, was er aus eigener Überzeugung tun mußte. Eines, das aus ihm kam. Darum war er so stark im Augenblick der Verhaftung. Er hat sich sogar für mich Zeit genommen und mich geheilt.

Mein Herz und mein Kopf drohten beinahe zu zerbrechen, so viel mußte ich in jener Nacht fühlen und nachdenken. Erst viel später habe ich von einigen seiner Freunde gehört, daß er kurz vor der Verhaftung stundenlang im Gebet um Klarheit gerungen habe, was Gott mit ihm vorhabe. Dann hat er sich dem Willen Gottes nicht einfach gehorsam unterzogen. Das wäre ja Unterwerfung unter einen andern Willen und Verleugnung des eigenen. Er hat so lange gehört und gefühlt, bis seine eigene Überzeugung frei einstimmte in das, was notwendigerweise zu tun und zu tragen war. Darum war er so stark, als sie ihn verhafteten. Unterwerfung formt keinen Menschen, sie verformt ihn. Der wahre Gehorsam, der einen Menschen aufbaut, muß etwas anderes sein als Unterwerfung. Er hat nichts mit Befehlen zu tun – und ich hatte mich ein Leben lang nur fremden Befehlen unterworfen.

So weit war ich am nächsten Morgen noch nicht, es klar zu erkennen, aber vieles fing schon an, in mir zu wirken. Ich wurde der Truppe zugeteilt, die den Strom der Festpilger regeln mußte. Sonst hatte ich ein scharfes Auge auf sie geworfen, aber diesmal ließen sie mich kalt. Ich spähte und lauschte dort hinüber, wo sich eine andere Volksmenge versammelt hatte, um den Prozeß gegen den Verhafteten zu verfolgen. Wenn ich schon nicht Augenzeuge sein konnte, wollte ich wenigstens von ferne Ohrenzeuge sein. Aber auch bei angestrengtestem Hinhorchen vernahm ich kein Wort von ihm. Einmal im Lauf des Nachmittags meinte ich, von weit her einen Schrei zu hören. Niemand außer mir merkte darauf. Ich schloß daraus, daß es eine Sinnestäuschung gewesen sein mußte, ich war ohnehin nicht recht bei der Sache, und meine Kameraden mußten mir einige Male empfangene Befehle wiederholen. »Hörst du nicht gut?« fragte mich einer. Ich antwortete: »Doch, doch, aber ich bin gestern am Ohr verletzt worden und höre seither anders.« Er schaute mich verwundert an. Als mein langer Dienst zu Ende war, vernahm ich von einigen, die dabeigewesen waren, daß der Verhaftete verurteilt und gekreuzigt worden war.

Die folgenden zwei Nächte wurden wieder schwer. Der Festbetrieb hatte mich müder als sonst gemacht, obwohl er wie von weitem an mir vorübergerauscht war. Dennoch konnte ich nicht zur Ruhe kommen. Wenn ich mich aufs Ohr legen wollte, fing es wie zu reden an. Ich war ihm feind gewesen, aber er hatte mich freundlich angeschaut und geheilt. Es war, als hätte er, als er das Ohr berührte, wortlos etwas in es hineingelegt, das nun immer tiefer in mich drang. Meine scharf beobachtete und geordnete Welt hielt dieser Berührung nicht mehr stand. Er hatte für eine andere Art des Umgangs miteinander gelebt und war dafür auch gestorben. Wahrscheinlich hatte er auch für eine andere Art des Umgangs mit Gott gelebt, in dem man sich ihm nicht mehr unterwerfen mußte, sondern sich ihm frei und freundschaftlich anvertrauen konnte. Auch wenn er jetzt gestorben war, in mir wirkte er weiter. Ich konnte nicht mehr so leben wie bisher. Mein Ohr war Zeuge für das, was er unter die Menschen gebracht hatte. Es hieß mich einen andern Weg gehen. Ich konnte nicht länger fremde Befehle und Anordnungen befolgen. Das Alte war zerbrochen, ich fühlte neues Leben in mir wachsen. Als ich das erkannte, wurde mein Ohr ganz heiß, ich fühlte den Pulsschlag in ihm. Auf einmal war ich dem Unbekannten, der mir das Ohr abgeschlagen hatte, dankbar. Es hatte weh getan, aber es war mit mir etwas geschehen. Dank ihm hatte sich der Mann aus Nazareth bei mir Gehör verschafft.

Als am ersten Tag der neuen Woche die Sonne aufging, habe ich mich bei meinem Vorgesetzten für immer vom Dienst abgemeldet.

Als die Menschen die Freude in ihre Hand nahmen

I.

Nichts ist so schwer zu fassen wie die Freude. Was uns heute beglückt, ist morgen vorbei. Zurück bleibt nur die Erinnerung, daß da etwas Schönes gewesen ist. Aber was es eigentlich war, kann nicht zurückgeholt werden. Es ist darum begreiflich, daß die Menschen lange Zeit Mittel und Wege suchten, um die Freude zu fassen und für immer zu behalten. Und eines Tages griffen sie durch.

Es begann an einem Hochzeitsfest. Bei einer der letzten kirchlichen Trauungen hatte der Pfarrer über den Satz gepredigt: »Freuet euch im Herrn allezeit, und nochmals sage ich euch, freuet euch!« Kaum hatte die Gesellschaft die Kirche verlassen, umarmte der junge Mann seine Frau und rief aus: »Mir braucht man die Freude nicht zu befehlen. Mir genügt, daß ich dich habe und daß ich mich an dir freue!« Alle klatschten Beifall, und unter Gelächter fuhren sie davon.

Im Laufe des Abends griff einer der Gäste die Bemerkung des jungen Mannes auf. In einer Tischrede sagte er: »Die Freude ist ein wichtiger Bestandteil unseres Lebens. Sie gehört *zu* uns. Also soll sie auch uns gehören. Es ist unwürdig, sie irgendeinem unbekannten und unberechenbaren Geist zu überlassen. Wir wollen sie nicht einem Zufall verdanken. Von jetzt an wollen wir sie selber in die Hand nehmen und unabhängig mit ihr umgehen. Als Zeichen dafür fasse jeder nach dem, was ihm gerade Freude macht!«

Alle schrien ihm begeistert zu und griffen nach dem, was ihnen gerade am nächsten war, viele nach ihrem Partner, einige Männer nach dem Glas, einige Frauen nach schönen Kleidern und Schmuck, andere nach Blumen, Instrumenten und Spielzeugen. Dazu riefen sie laut und begannen zu singen. Die Stimmung wurde immer erregter. Sie waren von ihrer Fröhlichkeit wie betrunken, wie man sich betäubt, wenn man heftig in ein Feuer geblasen hat. Die Hochzeitsgesellschaft hatte längst die Fenster des Festsaales aufgerissen, so daß der Freudenstrom in die Straßen und Gassen der Stadt hinauswogte. Dort verebbte er keineswegs. Im Gegenteil, es war, als ob die Menschen nur auf diesen Ausbruch gewartet hätten, um sich ihm anschließen zu können. Von allen Seiten hallte und knallte und heulte es wider. Feuer wurden entfacht, und ihre Flammen trugen die Funken in die dunkelsten Winkel. Fremde Menschen umarmten sich und tanzten miteinander. Kurz vor Morgengrauen wurde beschlossen, von jetzt an jede Woche einen »Tag der menschlichen Freude« zu feiern. Dann gingen sie müde auseinander.

Die meisten erwachten gegen Mittag, als die Glocken den Gottesdienst ausläuteten. Allmählich wurde ihnen wieder bewußt, was in dieser Nacht geschehen war. Eilends standen sie auf, um das Fest weiterzuführen. Da es ihnen gehörte, mußte es nicht abbrechen, sondern konnte allezeit fortgesetzt werden. Sie versuchten, am nächtlichen Höhepunkt anzuknüpfen und auf derselben Höhe weiterzufahren. Aber es wollte nicht recht gelingen. Irgend etwas war anders als zuvor. Sie schrieben es ihrer eigenen Müdigkeit zu und trösteten sich, indem sie einander erzählten, wie lustig es gestern nacht gewesen sei und wie sehr sie über dies und jenes gelacht hätten. Daran erheiterten sie sich ein wenig und gingen nach der Nachfeier bald zu Bett.

Die nun folgende Arbeitswoche begann fröhlich. Noch nie hatten sich am Morgen so viele die Hand gegeben, der nun die Freude anvertraut war. Sie gingen auch mit ganz neuen Gefühlen an die Arbeit. In ihren Händen bewegte sich bei allem, was sie taten, etwas Eigenes mit und belebte sie. Sooft sie etwas zustande brachten, waren sie glücklich und zeigten es einander. Keiner war mißgünstig, jeder freute sich mit und empfing so vom andern etwas zurück.

Nur jene, denen etwas mißraten war oder die eine Tätigkeit hatten, bei der nichts Sichtbares oder Bleibendes entstand, fühlten sich benachteiligt. Männer und Frauen am Fließband, Frauen beim zehnten Aufräumen und Mütter bei der hundertsten Ermahnung konnten darin nichts Erhebendes finden. Nur auf Umwegen konnten sie einen Sinn fürs Ganze sehen, aber das war mühsam und verzehrte die Freude, statt sie zu vermehren. Sie waren denn auch nach einiger Zeit die ersten, die das gefährdete Gut schützten, indem sie die Freude von der Arbeit zurückhielten und sie für andere

Lebensgebiete sparten, am liebsten für ihre Angehörigen und einige Freunde.

Sie blieben damit nicht lange allein. Denn da jede Arbeit unerfreuliche Dornen und Disteln mit sich brachte und jeder mit dem Anteil seiner Freude haushälterisch umgehen mußte, zogen fast alle den Spaß von der Arbeit ab. Je mehr sie sie aber voneinander trennten, desto seelenloser wurden die Felder der Tätigkeit und desto freudloser Beruf und Alltag überhaupt. Nur einige Handwerker und Künstler trieben ihre Dinge noch mit Lust, aber sie konnten ihr Geheimnis niemandem abtreten und sahen die Not der andern kaum.

Es ergab sich nun, daß die Menschen die Freude vom Hauptteil der Tage und Wochen an die Randgebiete verlagerten, in den Feierabend und auf Feiertage, wobei sie nebst dem wöchentlichen »Tag der Freude« gerne auch die paar letzten christlichen Feiertage benützten. Am Anfang taten sie an Feierabend und Feiertagen auch allerlei festliche und fröhliche Dinge. Sie luden einander ein, tauschten ihre kleinen Späße aus und sangen miteinander heitere Lieder. Aber sie entdeckten, daß der Vorrat an Freude begrenzt war. Es gab ja nicht mehr die Freude selbst mit ihrer geheimnisvollen Selbsterneuerung, es gab nur noch ihre Freuden in ihren Händen. Sie schränkten deshalb auch diese Zusammenkünfte ein, bis nichts Feierliches mehr darin war. Aus den Feierabenden wurde das Tagesende und aus den Feiertagen das Wochenende. So waren die menschlichen Freuden nur noch an Enden angesiedelt und wurden dadurch selber immer mehr endlich und gering.

In dieser Dürre gab es noch einige Oasen ursprünglicher Freude. Noch lachten und scherzten die Kinder, noch freuten sich Liebende aneinander und gab es eheliche Freuden, noch gab es Überraschungen und Jubel bei Geschenken, noch spaßten und spielten Freunde miteinander, noch gab es Entdeckerfreuden draußen in der Natur und drinnen beim Denken, noch lächelten sich einige an und drückten einander beglückt die Hände. Diese wenigen Oasen wirkten zwar nicht besonders stark nach außen, da sie meist auch nur auf kleine, vertraute Kreise beschränkt blieben und sich nur selten denen öffneten, die nach mehr Freude dürsteten. Aber es gab sie doch.

Das machte den Menschen Mut, als sie nun darangingen, neue Quellen für die Freude zu suchen. Es gab ja so viele Dinge und

Gefühle, die mit der Freude verwandt waren und darum irgendwie mit ihr heimlich in Verbindung stehen mußten. Konnte man sie in den Griff bekommen, so würde man vielleicht der Freude selbst auf die Spur kommen. So suchten sie in der Umgebung der natürlichen Freuden und entdeckten eine Anzahl von Spuren. Da gab es die Lust und die Laune, den Genuß, das Vergnügen, die Stimmung, die Befriedigung und den Reiz. Auf die Freude selbst stießen sie nicht. Aber sie waren zufrieden mit den andern Funden und nahmen sie glücklich in Besitz. Jeder griff nach dem, was seinem Wesen entsprach.

Die Genuß suchten, zogen sich leise zurück, hinter ein Glas oder auch hinter Bücher und Bilder, und wurden stille Genießer. Die andern ließen sie draußen allein, so daß die, die am meisten für sich genießen wollten, für andere ungenießbar wurden.

Ähnliches geschah mit der Lust. Sie war wie die Freude selbst etwas Weibliches. Darum suchten die Männer sie vor allem bei den Frauen. Aber die Frauen konnten auch nicht mehr geben, als sie hatten. Sie konnten zuletzt auch nur Lust ohne Gefühl und Seele anbieten. Und statt Häuser fröhlicher Ehen gab es schließlich Freudenhäuser, in denen es eher traurig zuging.

Etwas besser schienen die gestellt, die nach der Stimmung gegriffen hatten. Stimmung konnte man machen, überall und allezeit. Sie konnte mit allerlei menschlichen und künstlichen Mitteln aufgebaut und aufgeputscht werden. Es brauchte dazu nur genügend Personal. Mit seiner Hilfe wurden Feste ersonnen, Anlässe, Abende und Ausflüge organisiert. Willig ließen sich die Teilnehmer von denen, die die Stimmung anheizten, kommandieren. Wenn befohlen wurde: »Lacht!«, so wurde gelacht, »Klatscht!«, so wurde geklatscht«, »Freuet euch!«, so freute man sich. Die Stimmungsmacher in Sport und Unterhaltung wurden bald die meistbegehrten und höchstbezahlten Fachleute.

Als es soweit war, wurde überhaupt jedes Vergnügen käuflich. Man konnte es kaufen, ohne sich vergnügen zu müssen. Es wurde eine Ware, die man speichern und reproduzieren oder auch neu erwerben konnte. Die letzten Formen der Freude waren zum Gegenstand geworden.

II.

Wo aber war die Freude hingekommen? Als die Menschen sie in die Hand nehmen wollten, war sie ihnen still entschlüpft. Sie hatte von jeher ihr eigenes Wesen entfaltet, sie war gekommen und gegangen, wie es sie recht dünkte. Sie war gerne dabei, wo sie Menschen etwas zuliebe tun konnte. Nur zwingen ließ sie sich nicht. Sie hatte dieses Lebensgesetz von ihrem göttlichen Schöpfer empfangen. Sie war entstanden, als Gott den Gedanken der Schöpfung gefaßt hatte. Die ganze Schöpfung, das All bis hin zu den Menschen, sollte ja nicht einem Zweck dienen. Sie sollte ihren Reichtum ausdrücken und sich freuen können am Dasein. Nicht einmal ihm sollten die Geschöpfe unterworfen sein. Er brauchte sie nicht zu seiner Ehre und Bestätigung. Er wollte sich rein mit ihnen und an ihnen freuen, und sie sollten sich ungezwungen mit ihm freuen.

In jenem fruchtbaren Augenblick schuf Gott die Freude. Von ihrer ersten Stunde an blieb sie ein freies Wesen, das niemandem zur Verfügung stand als seinem freien Schöpfer. Freilich, als die Menschen in der Welt da waren, wurde bald deutlich, daß ihnen die reine Freude seltsam und fast unheimlich vorkam. Immer wollten sie ihr noch etwas Eigenes abgewinnen. Sie wollten sie nicht als Gast und Freundin erkennen, die frei zur Türe ein- und ausgeht, sondern sie als Besitz für sich behalten. Als sie sie in letzter Kraftanstrengung an sich reißen wollten, entglitt sie unbemerkt. Zurück blieben nur einzelne ihrer Ausstrahlungen, die ohne sie auf die Dauer nicht wirken konnten.

Aber wohin sollte sie gehen? Bei Gott konnte sie sich nicht bergen. Er hatte sie nicht zu seinem stillen Genuß geschaffen, sondern als Element der Welt. Da erinnerte sie sich von ferne, daß sie kurz nach ihrer Geburt mit Gott über den Wassern geschwebt hatte. Unten hatten Chaos und Öde gewogt, aber sie war schon über ihnen gewesen. Plötzlich wußte sie, wohin sie gehen mußte. Sie gehörte in jenen Teil der Welt, der nichts von ihr spürte und sie kaum je erfahren hatte.

Als sie dorthin kam, merkte sie erst, wie viele Menschen es da gab. Da waren die, die an Krankheit und Schmerzen litten, die Gebrechlichen und die Gebrochenen, die Hungernden und Dahindarbenden, die Schwermütigen, Erschöpften und Müdegewordenen, die Verzweifelten und Lichtlosen, die Trauernden und Verlassenen, die nie Gesehenen und die Vergessenen, die Gehaßten und die Verworfenen, die Erniedrigten und Ausgenützten, alle die, die nichts hatten, was ihnen hätte Freude geben können. Ein nie geschauter Kontinent tat sich auf. Da erschrak die Freude bis ins Innerste. War sie denn bis jetzt blind und nur mit den Fröhlichen fröhlich gewesen? Hatte sie wie die Menschen, die nach ihr griffen, die Welt gespalten, der einen Hälfte Glück, Vergnügen und Leben zugehalten, der andern aber Elend, Schmerzen und Tod zugeschoben?

Als die Freude erschrak, geschah etwas Seltsames. Die Schrekken der Tiefe zogen in ihr Herz und füllten es aus. Sie mußte ihr altes Herz ausschütten, um Platz für die neue Erfahrung zu bekommen. Dabei fiel ihr Innerstes auf alle die freudlosen Menschen hinunter, mitten in ihr Elend hinein. Da fingen Traurige unter Tränen an zu lächeln, Verzweifelte schauten auf, Vergessene blickten sich an, Erniedrigte standen auf, Gebrochene richteten sich auf, Erschöpfte atmeten tief, Gehaßte rückten zusammen. Dabei wußten sie nicht, was mit ihnen geschah. Sie spürten das Neue, ohne ihm einen Namen geben zu können. Sie freuten sich, wie wenn man sich freut, wenn man es nicht weiß, aber sich bei einem andern wohl fühlt. Nur der Freude selber wurde es bewußt, daß sie nun tief geworden war, und sie fühlte sich wie noch nie Gott und den Menschen nahe.

Während sie noch über ihre Verwandlung nachdachte, geschah auch unter den Menschen eine Veränderung. Die Welt derer, die bisher nur nach ihrem Vergnügen gefragt hatten, wurde immer mehr wüst und leer. Die Langeweile machte sich breit, in den Augen saß die Traurigkeit, die Schatten auf den Stirnen nahmen zu. Die Hände waren müde von der Gier und die Füße vom Rennen nach Abwechslung. Ihre Öde dehnte sich aus, bis sie an die Grenze des Elends stieß. Sie wollten die Unglücklichen lange nicht wahrnehmen. Aber als sie dann spürten, daß viele von ihnen im Unglück etwas hatten, was ihnen im Glück fehlte, wurden sie neugierig. Doch keiner konnte ihnen recht antworten. Sie sahen nur, daß sie sich nicht schämten, traurig zu sein, und den Mut hatten, auch zu ihrem Elend zu stehen. Und dabei gingen sie nicht zugrunde, vielmehr leuchtete über ihnen etwas Tröstliches und Unfaßbares auf. Das dünkte sie widersinnig.

Da geschah unter ihnen selbst etwas ganz Einfaches. Am »Tag der menschlichen Freude« spazierte eine Mutter mit zwei kleinen

Kindern über den Rummelplatz, wo tausend Dinge zu haben waren. Ein Verkäufer bot lustige Luftballons an. Die Mutter kaufte ihren Kindern zwei Ballons, glücklich nahmen sie die Schnüre in die Hand. Plötzlich öffnete das Jüngere von beiden die Hand, und der Ballon flog in die Luft. Es wollte das Gesicht verziehen und zu weinen beginnen, da öffnete sein älteres Schwesterchen die Hand und ließ seinen Ballon nachfliegen. Dazu tanzte und hüpfte und rief es: »Er fliegt, er fliegt!«, so daß auch das Jüngere in den Jubel einfiel und rief: »Er fliegt, er fliegt!« Alle schauten nach oben, wo die Ballons immer kleiner wurden, bis sie ihren Blicken entschwanden.

Ein Erwachsener sagte zum größeren Kind: »Du bist ein Dummes, jetzt habt ihr gar keinen Ballon mehr!«

Aber das Kind lachte und sagte: »Es ist doch viel lustiger, wenn er fliegt. Morgen würde er ja doch nur über den Boden schleichen.«

Die Mutter schaute ihr Kind staunend an. Ein längst versunkener Satz, den sie an ihrem Hochzeitstag gehört hatte, kam ihr in den Sinn. Sie umarmte es und sagte: »Du hast recht, mein Gott, du hast recht. Auch die Freude ist wie ein Luftballon. Man muß sie freilassen, wenn man sie erleben will.« Und während die drei sich umarmten, war plötzlich mitten auf dem Rummelplatz die Freude da.

Sie war nicht nur um die Mutter und die Kinder. Auf einmal merkten viele, was das Kind gemeint hatte. Sie besannen sich und fingen wieder an zu fragen, was für eine geheimnisvolle und tiefe Gabe Gottes die Freude ist.

Quellenverzeichnis

Zacharias hat nichts zu sagen (S. 56)
Als der Evangelist Matthäus den Stammbaum Jesu aufschrieb (S. 63)
Als die Menschen Gott die Ruhe raubten (S. 68)
Als die Menschen die Freude in ihre Hand nahmen (S. 89)

Aus: Werner Reiser, »Der Geburtstag von Adam und Eva. Neue Legenden und Parabeln«, Friedrich Reinhardt Verlag, Basel 1984.

Der verhaftete Friedensengel (S. 12)
Das Angebot (S. 23)
Das Versöhnungskind (S. 34)
Wie die drei Weisen ihre Weisheit verloren und fanden (S. 45)
Vom Hirten, der saubermachen wollte (S. 51)
Des Königs leere Kammer (S. 66)

Aus: Werner Reiser, »Der verhaftete Friedensengel und andere Legenden«, Friedrich Reinhardt Verlag, Basel 1985.

Die Legende von der Verzweiflung (S. 74)

Aus: Werner Reiser, »Die drei Gaben. Legenden unserer Zeit«, Friedrich Reinhardt Verlag, Basel 1989.

Der gute Sohn von Bethlehem (S. 18)
Es begann in Ägypten (S. 28)
Die Suche nach dem verschwundenen Kind (S. 39)
Vom Hirten, der bei der Geburt dabei war (S. 61)
Das geheilte Ohr (S. 83)

Aus: Werner Reiser, »Der gute Sohn von Bethlehem. Legenden und Meditationen«, Friedrich Reinhardt Verlag, Basel/Kassel 1991.

Der rechte Ort (S. 9)
Die andere Versuchung (S. 76)

Diese Legenden sind bislang unveröffentlicht. Der Abdruck erfolgt mit freundlicher Genehmigung des Autors.